Contemporánea

Alfonsina Storni (Suiza, 1892 - Mar del Plata, Argentina, 1938) fue una de las principales poetas del modernismo sudamericano. Dotada de una exquisita sensibilidad, plasmó en su poesía la intensa lucha interior entre el ideal de justicia y nobleza que, a su entender, debía regir la vida de los seres humanos, y la realidad mediocre y poco grata que la rodeaba. Su talante marcadamente rebelde asoma en sus primeros libros de poemas: *La inquietud del rosal* (1916), *El dulce año* (1918) e *Irremediablemente* (1919). *Ocre* (1925), poemario considerado su obra maestra, y que gira en torno al sentimiento de fracaso ante el amor y la vida, inicia su segunda etapa poética, caracterizada por el abandono de las formas poéticas modernistas y el acercamiento a una estética basada en el uso de elementos simbólicos, etapa continuada en *El mundo de siete pozos* (1934) y *Mascarilla y trébol* (1938). Menos musical, y acaso menos intimista, marcada por la voluntad reflexiva y por el impacto de las nuevas vanguardias, la última etapa poética de Alfonsina Storni es una muestra de una inquietud creativa que busca renovarse constantemente. Fue autora también de importantes artículos y ensayos sobre la condición de la mujer en su época, y una pionera en el ámbito del feminismo sudamericano.

Luna Miguel lee, escribe y edita. Es autora de ocho libros de poemas, entre los que destacan *Poesía masculina* y *Un amor español*. También ha publicado la novela *El funeral de Lolita* (2018), el monólogo teatral *Ternura y derrota* y los ensayos de teoría literaria feminista *El coloquio de las perras*, *Caliente* y *Leer mata*.

Alfonsina Storni

No perdones, corazón

Obras de amor, filosofía y muerte

Edición a cargo de
Luna Miguel

DEBOLS!LLO

Papel certificado por el Forest Stewardship Council®

Primera edición: febrero de 2025

© 2025, Penguin Random House Grupo Editorial, S. A. U.
Travessera de Gràcia, 47-49. 08021 Barcelona
© 2025, Luna Miguel, por la selección, el prólogo y las notas
Diseño de la cubierta: Penguin Random House Grupo Editorial / Claudia Sánchez

Penguin Random House Grupo Editorial apoya la protección de la propiedad intelectual. La propiedad intelectual estimula la creatividad, defiende la diversidad en el ámbito de las ideas y el conocimiento, promueve la libre expresión y favorece una cultura viva. Gracias por comprar una edición autorizada de este libro y por respetar las leyes de propiedad intelectual al no reproducir ni distribuir ninguna parte de esta obra por ningún medio sin permiso. Al hacerlo está respaldando a los autores y permitiendo que PRHGE continúe publicando libros para todos los lectores. De conformidad con lo dispuesto en el artículo 67.3 del Real Decreto Ley 24/2021, de 2 de noviembre, PRHGE se reserva expresamente los derechos de reproducción y de uso de esta obra y de todos sus elementos mediante medios de lectura mecánica y otros medios adecuados a tal fin. Diríjase a CEDRO (Centro Español de Derechos Reprográficos, http://www.cedro.org) si necesita reproducir algún fragmento de esta obra.

Printed in Spain – Impreso en España

ISBN: 978-84-663-7811-6
Depósito legal: B-21.310-2024

Compuesto en M. I. Maquetación, S. L.

Impreso en Novoprint
Sant Andreu de la Barca (Barcelona)

P 3 7 8 1 1 6

Índice

PRÓLOGO. Obras de amor, filosofía y muerte 9
Nota a esta edición 17

No perdones, corazón

    Poesía 21
    Prosa 187
    Pensamiento 247

Índice de contenidos 309

Prólogo

Obras de amor, filosofía y muerte

A la belleza se la castiga porque acaba con nuestra paciencia. Por eso arrancamos sus flores; por eso privatizamos sus paisajes; por eso, cuando es excesiva, nos burlamos de sus facciones o de sus formas; por eso codiciamos su pureza, con el ansia viva de la destrucción. Hay que ser valiente para crear algo bello. Hay que estar un poco loca para entregarse en cuerpo y alma a la construcción de un mundo propio, regido por la hermosura. Hay que tener el don de la generosidad. Todas esas cualidades, sin duda, las atesora la dueña de los textos que componen este libro: alocada, generosa, audaz, inteligente… Que Alfonsina Storni (Suiza, 1892-Argentina,1938) sea una de las poetas más representativas de la literatura en castellano de comienzos de siglo XX tiene que ver con esa concatenación de talentos, pero también con la inmensa obra lírica, dramática, periodística y filosófica que escribió gracias a ellos. De acuerdo con una de sus mejores lectoras y estudiosas, la también escritora argentina Delfina Muschietti, la voz de Storni ha resistido al paso del tiempo y se acerca al misterio de los clásicos.* Será tal vez por-

---

* En el prólogo a la poesía completa de Alfonsina Storni (Losada, Buenos Aires, 2021), Muschietti, asume «los clásicos» como esos que son leídos

que Storni escribió como quiso, sin renunciar a sus ideales ni a sus aspiraciones, y sin miedo de que su género o su clase social fueran impedimentos para la creación de belleza. ¿Penuria en la vida real? Pues doble ración de flores en la vida lírica. ¿Enfermedad en la vida real? Pues doble ración de metáforas marinas en la vida lírica. ¿Soledad o desamor en la vida real? Pues gusto y técnica en el conteo de sílabas para que el ritmo vuelva un poco más amable la vida lírica.

Para entender del todo por qué Alfonsina Storni tiene el misterio de los clásicos, valdría la pena recordar algunas de las consideraciones estéticas que la pensadora estadounidense Jane Hirshfield expone en el ensayo *Diez ventanas. Cómo los grandes poemas transforman el mundo*. Obsesionada con encontrar esa respuesta inencontrable a la pregunta de por qué un poema es bello, o de por qué un poema es bueno y nos importa, Hirshfield aboga por la fuerza de la transformación: «El don de la poesía es que su vista no es nuestra vista habitual, su oído no es nuestro oído habitual, su conocimiento no es nuestro conocimiento habitual, su voluntad no es nuestra voluntad habitual. En un poema, todo viaja hacia el centro y hacia fuera». La poesía hace de lo corriente algo fuera de lo común. En el caso de la de Storni, su fuerza transformadora reside en su manera de traer al papel todos aquellos motivos asociados a la simpleza del género lírico, todos aquellos temas fundamentales de la experiencia femenina y todas aquellas palabras que, tras siglos de miradas prejuiciosas, se convirtieron en tabúes u obviedades. A saber: el mar, los lirios, la luna, la

---

y comentados en el extranjero, traducidos a otras lenguas, leídos en las universidades: «Su obra ocupa hoy un lugar en el canon que ella seguramente ni se atrevió a soñar, desde su puesto de luchadora incansable, y casi podríamos decir autodidacta, librada al instinto poético que respiraba en su oído».

dulzura, lo frondoso, lo alado, las lágrimas, el cielo que acuna, la palabra «deseo», los corazones enternecidos, el uso dramático de los puntos suspensivos, casi como suspiros… Contra todo pronóstico, Storni hace bandera de tales símbolos, los retuerce y los fulmina: su vista del oleaje no es nuestra vista habitual, su oído del corazón no es nuestro oído habitual y su conocimiento de la alegría o de la miseria no es nuestro conocimiento habitual. Que Alfonsina Storni sea un clásico, pues, tiene que ver con la capacidad de su escritura de transformar la tradición, sin apartarse de ella, pero también de transformar a sus lectoras, pues nos hace revivir el placer de las primeras cosas con una sencillez conmovedora.

Storni no es la única escritora de comienzos de siglo xx que decidió poner en valor los temas comunes asociados a lo femenino para reventarlos desde dentro. Es imposible no ver en su ejemplo consonancias con el éxtasis de Gabriela Mistral, a quien, de hecho, la argentina alude en más de una ocasión en sus textos y a quien ve como hermana mayor y referencia en lo político y en lo literario; con los amores floreados de Juana de Ibarbourou, con quien compartía la pasión por lo cándido, y a quien la unió un muy fuerte vínculo amistoso —a ambas, por cierto, las han llamado «poetas del amor»—; o con el erotismo de Delmira Agustini, a quien Storni dedicó conferencias y halagos, en defensa de su descaro pero también de su fe. En el mundo académico, de hecho, no es extraño encontrar artículos e investigaciones que hermanan sus escrituras. Si bien la de Agustini tiene una fuerza erótica más palpable, con una defensa del goce por el goce, en Storni el deseo y el sexo aparecen siempre como antídotos a la muerte. Más allá de estas características cruzadas en la lectura de sus amigas-hermanas-referentes, merece la pena desenredarse un hilo de bibliografía que contribuye a entender la búsqueda de la belleza de las autoras mentadas. Libros como *Ternura*, de Gabriela Mistral; *El rosario de Eros*, de Delmira Agustini; y *Las lenguas de diamante*, de Juana de Ibarbourou, ayudan a situar a Alfonsina Storni en el mapa de una creación poética del siglo XX atravesada por el feminismo, y también a ampliar el tono de sus hallazgos.

Hay otro vínculo evidente entre las escritoras de este tiempo, que tiene que ver con su pasión por la escritura ensayística, de corte político y reivindicativo. Al igual que los escritos de Gabriela Mistral acerca de la patria, del feminismo y de la educación, la obra en prosa de Alfonsina Storni resultó y sigue resultando fundamental para entender las desigualdades de su tiempo. Recopiladas en distintas antologías como *El libro quemado*, en Argentina, o como *Urbanas y modernas*, en España, sus crónicas periodísticas y columnas de opinión de las décadas de 1910 y 1920 resultan estimulantes. En todas ellas hay una base filosófica, gracias a la cual Storni —que fue madre soltera a los veinte años, sufrió el estigma de la migración y trabajó como maestra y periodista precaria, por poner algunos ejemplos de las circunstancias vitales que la obligaron a pensar y repensar la desigualdad durante toda su vida— pudo desarrollar una poética desde el compromiso. Puede que uno de sus textos de ideas más significativos sea *El libro quemado*, en el que reflexiona sobre por qué todavía podía parecerle fea a alguien la palabra «feminista». Este texto se publicó en 1919 en el diario *La Nota*, y allí ya reflexionaba sobre la necesidad de que las escritoras se emanciparan y se nombraran feministas, para no perder el terreno y el reconocimiento que otrora habían ganado místicas como Teresa de Jesús. Llama la atención ese año: 1919. Llama la atención porque los reclamos de Alfonsina Storni en la prensa argentina le llevaron una década de ventaja al libro que, en apariencia, habría fundado la crítica literaria feminista: *Una habitación propia*, de Virginia Woolf. Sin negar, claro está, la importancia de esa biblia woolfiana, merece la pena que le demos una vuelta al rechazo o a la pereza con los que hasta hace bien poco habíamos leído el pensamiento de sus coetáneas latinoamericanas. En *Cómo convertirse en nadie*, la ensayista y narradora Betina González da cuenta de la conciencia que las escritoras hispanas tenían de este racismo cuando recupera una anécdota en la que la editora, traductora y escritora Victoria Ocampo, al visitar a Virginia Woolf en Londres, se habría vestido con unas ropas muy estridentes, con tal de seducir a su anfitriona, vistiéndose «en consonancia con el imaginario de Woolf, que creía que esta mujer argentina *"very ripe and very rich"* vivía rodeada de mariposas y de jóvenes morenos que la apantallaban». Como explica González, no importaba que Ocampo perteneciera a una de las familias más ricas de Argentina, ni que su trabajo intelectual y editorial fuera definitivo para la literatura del siglo XX en castellano. Consciente de la terquedad y superioridad moral de Virginia Woolf, ella prefirió hacerse pasar, en sus palabras, por un «fantasma sonriente», autoexotizándose, con tal de no causar ninguna mala impresión, ni desequilibrio, ni extrañeza en la autora de *La señora Dalloway*. Hoy, por suerte, el panorama ha cambiado, y no hace falta reducirse a una misma ni a su cultura para salir adelante. Considerar entonces a Alfonsina Storni como una pionera del pensamiento literario feminista no sería un insulto, y los textos incluidos en esta antología son una prueba de ello.

Ocurre, además, que el feminismo de Storni no se esquina en un género literario concreto, sino que vive en toda su obra. Leer su poesía, más allá de los motivos bellos, florales y tiernos que destacábamos antes, significa también ahondar en su concepción moral del mundo. Para la poeta española Berta García

Faet esa es la Storni más interesante, la que, siendo ya adulta, quizá alejada de sus primeros trabajos, en su opinión más sumisos e idealistas, se aparece «peleona, subversiva y de lengua ácida» cuando retrata las injusticias del escritor macho, o cuando piensa y poetiza «sobre la dificultad de vivir el amor entre sujetos políticos divididos jerárquicamente». Concuerdo con García Faet en esta aproximación política a la poesía de Storni, aunque no tanto en la alusión a su cualidad sumisa en relación con su primer pensamiento amoroso. De nuevo, hay en la escritura de Alfonsina Storni una recuperación de los temas asociados a lo femenino elaborada de manera muy consciente y reivindicativa. A este respecto, una de sus biógrafas, Josefina Delgado, dijo lo siguiente: «El tema principal en la poesía de Storni es la crítica a la concepción patriarcal del amor hombre/mujer, con todas sus variantes, pero poniendo el acento en las dificultades que a la relación le traen la soberbia masculina y su incapacidad de lealtad». Por ese motivo, los versos de sufrimiento amoroso de Storni no me parecen bajo ningún concepto sumisos, sino en todo caso el testimonio de una mujer que habló desde su propia experiencia de dolor. Cuando en *Irremediablemente* nos dice que ella es una flor «perdida entre juncos y achiras / que piadoso alimentas, pero acaso ni miras», se podría intuir cierto conformismo ante la desatención de su amante, aunque también un fuerte rechazo a su circunstancia y una crítica feroz hacia la insensibilidad masculina de la que hablaba Delgado. Resulta irónico: ¿acaso una flor perdida es capaz de retratar así su angustia? ¿Qué revolución habrá ocurrido para que algo tan nimio como una florecilla pueda forjar una voz tan dura y comprometida?

Es que a la belleza se la castiga, y eso pareció entenderlo desde muy pronto Alfonsina Storni. Pronto empezó a imaginar historias, a inventarlas para contárselas a su familia de migrantes: llegó a creer que escribir era lo más parecido a mentir; pronto, a los doce años, creó su primer poema, algo oscuro y sincero, que dejó sobre la cama de su madre, Paulina, esperando no sabemos si la aprobación o la mirada de miedo de la progenitora; pronto le llegó el éxito, o, más bien, el reconocimiento, y accedió a los circuitos literarios de Buenos Aires; pronto se enamoró de un hombre con el que no podría convivir y que terminó suicidándose; pronto enfermó, para luego sufrir una mastectomía que destruiría su ánimo y la atosigaría hasta que también ella acabó, pronto, muy pronto, demasiado pronto, con su vida. No quiero detenerme en más detalles vitales y mortales de la poeta; si apenas los sugiero en pinceladas, es porque para conocer a Storni hay que leer, en todo caso, la biografía que la misma Josefina Delgado le dedicó: *Alfonsina Storni. Una biografía esencial*. Con una prosa exquisita, Delgado expone las excentricidades y los éxitos de la poeta, valiéndose de una larga lista de testimonios de otros escritores de Argentina y de toda América Latina, con el fin de darnos a entender el cariño que se le profesó, por mucho que lo que más haya llegado hasta nosotras sean las burradas que algunos machos le dedicaron. Me refiero, por supuesto, a esos ascos que Jorge Luis Borges y otros le hicieron, centrándose en la aparente cursilería de la autora, y que la feminista Marina Mariasch diseccionó en el prólogo de una de las ediciones más recientes de su poesía completa: «Tenía razón Borges cuando dijo que Alfonsina Storni era "una superstición argentina". Alfonsina aparece en el imaginario común como una melodía, como una estatua en la rambla de Mar del Plata. Su nombre está asociado a la tragedia, al suicidio, al dolor y al romanticismo». Más adelante, Mariasch añade: «Tenía razón Borges también cuando dijo que Alfonsina profería chillonerías de comadrita. Bajo la capa de *fondant*, esa pasta de azúcar que se usa para cubrir tortas y darles un aspecto suave y elegante, la poesía de Alfonsina chilla disonante. Y valga el oprobio de invocar a "la Storni" citando la palabra de un varón. Es el precio que bien pagó por, en un mundo reservado a los hombres, poder decir "Yo". Es el lugar desde el cual, cobertura de glasé en la superficie, se hizo escuchar». Por eso, la biografía de Josefina Delgado es tan importante, pues rompe los mitos del desprecio que sobrevolaron su figura y arroja luz sobre las partes de su vida que antes se contaban con recelo: su maternidad, su lista de amigas y confidentes, sus amoríos o los estragos de su enfermedad. De entre todas las anécdotas recuperadas por Delgado, me quedo con una asociada a la primera vez que Storni se encontró con Juana de Ibarbourou en Uruguay a comienzos de los años veinte, y en la despedida que esta y otros le dedicaron cuando le tocaba regresar a Argentina: «Cuando el barco partió, llevándosela —dijo Ibarbourou—, Alfonsina dejó tras sí una estela de simpatías profundas, y algo más: alguien, en el muelle, encendía pequeñas luces hasta que el barco no fue visible en la noche. Alfonsina debió verlas en forma de corazón».

Dijo Paul Valéry que la belleza es una cuestión privada. Yo quiero creer que, cuando vemos el esmero de Alfonsina Storni por llenar páginas con lo bello, caemos en la cuenta de que la belleza también puede ser libre, de que en vez de castigarla deberíamos entregarnos a lo que esta tiene que enseñarnos, pues también lo bello es inteligente. Antes de que las lucecillas en forma de corazón se apaguen, sólo me queda advertir de que, además de ser una antología de amor, filosofía y muerte, lo que tenemos entre las manos es un frondoso florilegio.

Luna Miguel

Nota a esta edición

Todos los textos de *No perdones, corazón* provienen, por un lado, de *Poesía* (Losada, Buenos Aires, 2021), una recopilación de las obras de poesía y prosa poética completas de Alfonsina Storni, a cargo de Delfina Muschietti; pero también de *Un libro quemado* (Editorial Excursiones, Buenos Aires, 2014), una antología de columnas de opinión de la autora, a cargo de Mariela Méndez, Graciela Queirolo y Alicia Salomone.

Igualmente, durante la lectura atenta y el estudio de la escritura y pensamiento stornianos que propició esta selección de textos, resultó fundamental la observación y consulta de libros como *Poesía completa* (Leamos, Santa Fe, 2023), con prólogo de Mariana Mariasch; como *Urbanas y modernas* (Barlin Libros, Valencia, 2019), con prólogo de Berta García Faet; y como *Alfonsina Storni. Una biografía esencial* (Debolsillo, Barcelona, 2011), ensayo biográfico y crítico a cargo de Josefina Delgado.

Es gracias a la voz de todas estas autoras, editoras y estudiosas que desde el presente han trabajado incansablemente para difundir la escritura de Alfonsina Storni que *No perdones, corazón* existe. Con esta obra, se pretende continuar con esa labor de difusión de una de las poetas más apasionadas de las letras en castellano, referente del pensamiento feminista y de la experimentación lírica a través de un lenguaje asociado a lo floral, lo marítimo, lo amoroso y lo mortal. No hay, en esta selección, presencia del trabajo dramatúrgico de Storni, pues la amplitud y la complejidad de este bien merecería otro estudio y espacio más amplios y exclusivos.

El criterio que se ha seguido, pues, para este «florilegio», es el de la ordenación de fragmentos poéticos, prosísticos y filosóficos de Storni, con relación a sus temáticas más comunes y reconocibles, pero también a sus hallazgos rítmicos y a su ampliación de los motivos literarios que la hermanaron con otras autoras de su siglo, de su idioma y de su continente.

Dicho esto, y como homenaje último a esta labor genealógica, merecerá la pena incluir en esta nota unos versos casi oraculares que su coetánea chilena, Gabriela Mistral, dedicó a Alfonsina Storni en *Poema del hijo*:

> *Y no temí a la muerte, disgregadora impura;*
> *los ojos de él libraran los tuyos de la nada,*
> *y a la mañana espléndida o a la luz insegura*
> *yo hubiera caminado bajo de esa mirada...*

No perdones, corazón

POESÍA

LA INQUIETUD DEL ROSAL

La inquietud del rosal

El rosal en su inquieto modo de florecer
va quemando la savia que alimenta su ser.
¡Fijaos en las rosas que caen del rosal:
tantas son que la planta morirá de este mal!
El rosal no es adulto y su vida impaciente
se consume al dar flores precipitadamente.

Vida

Mis nervios están locos, en las venas
la sangre hierve, líquido de fuego
salta a mis labios donde finge luego
la alegría de todas las verbenas.

Tengo deseos de reír; las penas,
que de domar a voluntad no alego,
hoy conmigo no juegan y yo juego
con la tristeza azul de que están llenas.

El mundo late; toda su armonía
la siento tan vibrante que hago mía
cuanto escancio en su trova de hechicera.
¡Es que abrí la ventana hace un momento
y en las alas finísimas del viento
me ha traído su sol la Primavera!

Plegaria a la traición

¡Amor… amor!… Traicionas mis deseos,
mi tristeza, mi esfuerzo… ¡Cuando hundía
la ilusión en la Sombra de la muerte
revives su cadáver, lo dominas,
y me entregas atada
como un mártir vencido!…

¡Amor! ¡Amor! Tus alas han golpeado
a las puertas del alma, suavemente…
Me han mentido tu arrullo, no lo ignoro,
pero he sido cobarde y con las alas
agoreras y trágicas me has hecho
un manto todo blanco y todo rosa.

¡Traición! ¡Traición! Tu fina puñalada
sangra mi vena y ha de darme muerte
y no puedo ni quiero maldecirte.
¡Has vuelto amor, has vuelto!

Como un niño sorprendido de pronto
mi alma pone interés en recibirte
y temor; tiembla acaso por sus flores
que se abrieron recién cuando tus alas,
fino amor, me llamaban, me llamaban…

¡Entra traidor! Tú sabes lo que encuentras:
sé cuidadoso, mira que no quedan
muchos capullos más, no te prodigues
de sus pétalos lánguidos y enfermos,
que en el jardín de Otoño a donde llegas
las flores se malogran fácilmente.

¡Entra traidor! ¡Intenta algún milagro!
¡Pase tu soplo vívido como una
llama de vida donde el alma pueda
despertar a la dulce Primavera
y olvidar el invierno despiadado!

¡Entra traidor! Y vénceme, sofócame...
¡Hazme olvidar la tempestad pasada,
arrúllame, adorméceme y procura
que me muera en el sueño de tu engaño,
mientras me cantas, suave, la alegría
de las pascuas del sol!

La campana de cristal

Recién la tarde se borraba; era
la penumbra teñida de escarlata
preludiando el reinado de la plata
en una noche toda primavera.

Yo estaba herida de inquietud que mata,
una inquietud nerviosa y agorera
como una anunciación, como una espera
en que todo el anhelo se desata.

Después la noche palpitó en mis células,
llegaron a millones sus libélulas
arrancándome un ritmo musical.

Y bajo la tristeza de la luna
descubrí que mi alma era una
diminuta campana de cristal…

Convalecer

Debe ser muy hermoso acercarse a la Parca
de guadaña traidora y pensar que en el arca

del Misterio nos vamos para no volver más
a saber de estos seres que dejamos atrás.

Y, cuando hemos sellado el adiós postrimero
en el labio perfecto que se nos brinda entero,

y, cuando hemos creído realizar el gran viaje
de donde nadie ha vuelto con el mismo ropaje,

sentir que la materia nos permite pensar,
que aún el labio se mueve ansioso por besar

y volver lentamente a la vida que fluye
entre el perfume fresco que una rosa diluye.

Y después, por las manos piadosas de la Amada,
sentir como es de nuevo la testa aprisionada,

ver como en la ventana la negra golondrina
da tregua a su jornada de errante peregrina,

y en una de esas tardes en que el viento se aquieta
volver a oír el verso que nos hizo poeta.

Sentarse en un sillón, que llevó al corredor
la madre toda llena de un inefable amor,

y ante la enredadera de oscura madreselva
dejar que en sus aromas la Primavera vuelva.

Aprender a dar pasos, como un tímido niño
que necesita aún solícito cariño;

hallar que cada cosa es vieja, pero es nueva,
que dentro de lo eterno lo viejo se renueva

y en la hora en que vuelve la excelsitud de amar
saber que algo en nosotros es capaz de volar.

La invitación amable

Acércate, poeta; mi alma es sobria,
de amor no entiende —del amor terreno—
su amor es más altivo y es más bueno.

No pedirá los besos de tus labios
no beberá en tu vaso de cristal,
el vaso es frágil y ama lo inmortal,

acércate poeta sin recelos…
Ofréndame la gracia de tus manos
no habrá en mi antojo pensamientos vanos.

¿Quieres ir a los bosques con un libro,
un libro suave de bellezas lleno?…
Leer podremos algún trozo ameno.

Pondré en la voz la religión de tu alma,
religión de piedad y de armonía
que hermana en todo con la cuita mía.

Te pediré me cuentes tus amores
y alguna historia que por ser añeja
nos dé el perfume de una rosa vieja.

Yo no te diré nada de mí misma
porque no tengo flores perfumadas
que pudieran así ser historiadas.

El cofre y urna de mis sueños idos
no se ha de abrir, cesando su letargo,
para mostrarte el contenido amargo.

Todo lo haré buscando tu alegría
y seré para ti tan bondadosa
como el perfume de la vieja rosa.

La invitación está... sincera y noble.
¿Quieres ser mi poeta buen amigo
y sólo tu dolor partir conmigo?...

Mi Yo

Hay en mí la conciencia de que yo pertenezco
al Caos, y soy sólo una forma material,

y mi yo, y mi todo, es algo tan eterno
como el vertiginoso cambio universal.

Soy como algo del Cosmos. En mi alma se expande
una fuerza que acaso es de electricidad,
y vive en otros mundos tan llenos de infinito
que me siento en la tierra llena de soledad.

Cuando en un día tibio percibo la caricia
de la vida, hay un algo que pasa por mí
tan intenso y extraño que deseo morirme
para seguir viviendo como nunca viví...

¡Vida! ¡Toda la vida!... Es el grito que siento
subir de mis entrañas hasta la inmensidad...
¡Cada célula mía quisiera ser un astro,
un mar, todo el misterio de la fecundidad!

Mi cuerpo, que es mi alma, suele sentirse guzla,
una guzla de plata con cuerdas de cristal
Naturaleza templa la cuerda y es por eso
que me siento encarnada en todo lo ancestral.

¡Ven, dolor!

¡Golpéame, dolor! Tu ala de cuervo
bate sobre mi frente y la azucena
de mi alma estremece que más buena
me sentiré bajo tu golpe acerbo.

Derrámate en mi ser, ponte en mi verbo,
dilúyete en el cauce de mi vena
y arrástrame impasible a la condena
de atarme a tu cadalso como un siervo.

No tengas compasión. ¡Clava tu dardo!
De la sangre que brote yo haré un bardo
que cantará a tu dardo una elegía.

Mi alma será el cantor y tu aletazo
será el germen caído en el regazo
de la tierra en que brota mi poesía.

La loba

A la memoria de mi desdichada amiga J. C. P.
porque éste fue su verbo

Yo soy como la loba,
quebré con el rebaño
y me fui a la montaña
fatigada del llano.

Yo tengo un hijo fruto del amor, de amor sin ley,
que yo no pude ser como las otras, casta de buey
con yugo al cuello; ¡libre se eleve mi cabeza!
Yo quiero con mis manos apartar la maleza.

Mirad cómo se ríen y cómo me señalan
porque lo digo así: (Las ovejitas balan
porque ven que una loba ha entrado en el corral
y saben que las lobas vienen del matorral).

¡Pobrecitas y mansas ovejas del rebaño!
No temáis a la loba, ella no os hará daño.
Pero tampoco riáis, que sus dientes son finos
¡y en el bosque aprendieron sus manejos felinos!

No os robará la loba al pastor, no os inquietéis;
yo sé que alguien lo dijo y vosotras lo creéis
pero sin fundamento, que no sabe robar
esa loba; ¡sus dientes son armas de matar!

Ha entrado en el corral porque sí, porque gusta
de ver cómo al llegar el rebaño se asusta,
y cómo disimula con risas su temor
bosquejando en el gesto un extraño escozor...

Id si acaso podéis frente a frente a la loba
y robadle el cachorro; no vayáis en la boba
conjunción de un rebaño ni llevéis un pastor...
¡Id solas! ¡Fuerza a fuerza oponed el valor!

Ovejitas, mostradme los dientes. ¡Qué pequeños!
No podréis, pobrecitas, caminar sin los dueños
por la montaña abrupta, que si el tigre os acecha
no sabréis defenderos, moriréis en la brecha.

Yo soy como la loba. Ando sola y me río
del rebaño. El sustento me lo gano y es mío
donde quiera que sea, que yo tengo una mano
que sabe trabajar y un cerebro que es sano.

La que pueda seguirme que se venga conmigo.
Pero yo estoy de pie, de frente al enemigo,
la vida, y no temo su arrebato fatal
porque tengo en la mano siempre pronto un puñal.

El hijo y después yo y después… ¡lo que sea!
Aquello que me llame más pronto a la pelea.
A veces la ilusión de un capullo de amor
que yo sé malograr antes que se haga flor.

Yo soy como la loba.
Quebré con el rebaño
y me fui a la montaña
fatigada del llano.

La muerte de la loba

El cuarto estaba a oscuras; una mísera vela
daba su luz pesada como de oro muerto;
cada objeto en la pieza era un fantasma incierto
bajo el pincel sombrío de la pobre candela.

Abierto estaba aún, donde su mejor verso,
sobre la mesa el libro por ella preferido
y una flor que no pudo ser la flor del olvido
yacía en las estrofas como recuerdo terso.

En un vaso temblaba la blancura de un lirio
cansado de sorber el agua amarillenta
y su pobre corola caía macilenta
con una gravedad enferma de martirio.

Por la calle pasaban las ruedas de algún coche
con un pesado andar cargado de agonía
y la lluvia de a poco su llanto diluía
sobre el silencio enorme que fluctuaba en la noche.

¡Oh, la forma del gato tras el cristal sombrío!
Un gato negro espiaba con la pupila rubia
y su fosforescencia brillaba entre la lluvia
metiéndose en el alma como un dardo de frío.

La loba en su sillón hechos sombra los ojos,
me escrutaba los ojos, hechos sombra también,
¡Oh, la pobre sabía —y lo sabía bien—
cómo eran de traidores esos pómulos rojos!

Muy al rato me dijo: —«Mira, estoy tan tranquila,
tan tranquila que acaso me comienzo a morir…».
Y estaba ¡tan tranquila! que hube de sonreír
para que no leyera su muerte en mi pupila.

Y estaba ¡tan tranquila! que como un pajarito
se durmió para siempre en la noche de frío
acariciando al hijo que en el regazo mío
estaba; silencioso… silencioso y quietito.

Se quedó como el libro, cargada de ternezas,
abriendo con su muerte la página final,
una página blanca donde algún lodazal
quiso poner impío el mal de sus tristezas.

Se quedó como el lirio que moría en el vaso…
Pálida y espectral, y sus manos perfectas
decían no sé qué de las cosas selectas
con la suave armonía de su lívido raso.

—«¡Mamita! Oye mamita, ¿me comprarás soldados…?
Mamita». —No la llames, se ha dormido mamita—
Y una pobre canción con lástima infinita
fluctuó pesadamente en mis llantos ahogados.

De pronto hasta el pabilo se apagó consumido,
la noche su sepulcro tendió sobre mi vena

pero seguí cantando la suave cantilena
para que el niño blondo se quedara dormido.

¡Después!... —¡tantos detalles perdieron ya el color!—.
Sólo me acuerdo ahora que en mi frente contrita
pasó del pobre huérfano la blanca manecita
¡tal como si en la llama jugueteara una flor!

El hijo de la loba

Es un niño que tiene una expresión de hombría
su frente es un espejo de la melancolía
y un gesto delatorio de ser predestinado
lo significa hijo del amor y el pecado.

Las cejas bien arqueadas denotan voluntad,
la risa tiene un rasgo que es de fatalidad,
sus ojos son muy negros; son dos interrogantes
¡y en sus pupilas graves juguetea un Levante!

Se adivina un poeta soñador y nervioso
en la rubia cabeza de cabello sedoso
y como si tuviera la intuición de la vida
su palabra es serena como el agua dormida.

El gran dolor

Es: tener dentro del pecho
una cuerda de cristal
cuya vibración fatal
pone al corazón maltrecho
y enfermo de bien y mal

saber por anticipado
lo que no se ha conseguido;
sentir que llega el olvido
antes que llegue lo amado
y sin ser, haber ya sido...

Aferrarse a la verdad;
volverse bajo su cruz
flor de la esterilidad
y al castigo de su luz
quebrar Dioses y Deidad.

¡Oh, lo inmenso del dolor
de no engañarse jamás!
Ir gustando el sinsabor
sin esperar nada más.
¡Muerto el capullo sin flor!

¿Adónde estás, sueño mío?
¿Adónde almita de Estío?
¿Qué puñal fue tan aleve
que te puso el pecho frío
como una tarde de nieve?...

EL DULCE DAÑO

El dulce daño

Me ha picado una abeja; me ha picado una abeja;
estaba acurrucada; blanco lirio era yo;
dulcemente ondulaba sobre rosa bermeja,
y luego, traicionera, por blanca me picó,

mañosa de las mieles, en sus artes añeja,
la bella picadora tras las dalias voló.
Me ha picado una abeja; me ha picado una abeja;
estaba acurrucada; blanco lirio era yo.

Jardines de las dalias florecidas a riego,
jardines de las rosas purpuradas a fuego,
estoy acurrucada todavía, sabed.

Devolvedme la abeja de las alas de plata.
Jugueteando sin rumbo, sin saberlo, la ingrata
me ha picado en el alma. Muere el lirio de sed…

Nocturno

Es muy dulce el silencio de esta hora;
hay algo en el jardín que tiembla y llora.

Oh ven, que entre tus manos haré almohada,
para apoyar mi testa desolada.

Te esperaré sentada en nuestro banco
y por gustarte vestiré de blanco.

No esperes, al llegar, que yo me mueva
de la glorieta que nos finge cueva.

Me lo suele impedir el corazón
que a tus pasos se pone en desazón.

Mi corazón está tan castigado
que como un vaso morirá trizado.

Si un día entre tus brazos se me aquieta,
tú, que tienes instinto de poeta,

ponme sobre las sienes muchas rosas
con tus manos delgadas y nerviosas.

Las sentiré caer como un suspiro
desde el silencio azul de mi retiro.

¿No sabes que la muerte es la dulzura
jamás gustada en nuestra vida impura?

¡Oh si fuera allá silencio eterno…
ni sol de Enero, ni quietud de Invierno!

Estoy cansada de escuchar sonidos;
me molestan y ofenden tantos ruidos,

el cerebro me pesa como un cuervo
clavado adentro por destino acerbo.

Y tengo tal deseo de dormir…
Oh qué hermoso, qué hermoso no sentir.

¡Oh, dejarse llevar sin voluntad
como una estrella por la inmensidad!

No saber de uno mismo; ser el ave;
llevar las alas sin buscar la clave.

No esperes que se aquiete el corazón;
mátalo tú en un rapto de pasión.

Esta noche, mi bien, y no mañana.
¡Es tan dulce esta hora vesperiana!

Aquí, entre flores pálidas y mustias
que se mueren también por mis angustias.

No tardes esta noche, amado mío...
El cielo se ha nublado; tengo frío...

No tardes esta noche que estoy sola
y tiemblo... tiemblo... soy una corola.

Esto es amor, esto es amor; yo siento
en todo átomo vivo un pensamiento.

Y soy una y soy mil; todas las vidas
pasan por mí; me muerden sus heridas

y no puedo ya más; en cada gota
de mi sangre hay un grito y una nota.

Y me doblo, me doblo bajo el peso
de un beso enorme, de un enorme beso.

El poema de la risa

Y fue una tarde cálida saturada de aromas;
tras el breve montículo de las lejanas lomas
el sol desparramaba sus brochazos rojizos
que te fingían llamas en los revueltos rizos.

Yo hundía mis dos manos entre tu cabellera,
celosa de la hora, bañada en Primavera,
cosquilleante la risa me mordía la boca,
una risa de oro, ligeramente loca.

¿Nunca le has preguntado nada a tu corazón?
¿Y si le preguntaras, te daría razón
de dónde puede hallarse la risa cristalina
perdida en una tarde demasiado divina?

No extrañes que en mis labios esta pregunta enhebre
porque como bebías con un poco de fiebre
y en saberme callada te afanabas de prisa
puede ser que en tu pecho se halle atada mi risa.

Y es humano que sea. Tú ríes demasiado...
Además, mi tristeza sapiente me ha contado
que andas coleccionando risas, porque tu mal
adora las cascadas sonoras del cristal.

Prefieren las gargantas que sólo una vez ríen,
cuyas perlas al fuego de un beso se deslíen,
que hay risas que conviene no verlas duplicadas
porque no alcanzarían a las notas pasadas.

Eres artista y hombre, mi buen amigo mío,
tu fuego es, en resumen, una fuente de frío,
cortas, cortas y cortas. Más bien creo que talas.
A tus plantas se advierten cadáveres de alas.

Pero tienes la boca divinamente buena,
tu voz es muy suave. Gusta una nazarena
manera de fingirse curadora de males
y tus besos son como la miel de los panales.

Yo lo sé todo y callo. Me contagio de olvido
y perdono la fiebre con que hubiste bebido
mi pobre risa triste, mi pobre risa huera
en la pasada tarde de rubia primavera.

Porque pienso que un día nos soplará los labios
la Muerte y serán nada los besos tuyos sabios,
y será nada aquella larga tristeza mía
que me mordió las frescas uvas de mi alegría.

Oh, pobre amigo mío, de sueño sempiterno,
quién me diera alejarte de las nieves de Invierno,
cruzar tus manos antes que Primavera huya,
cerrar tus ojos antes que el vino se concluya.

Toma mi vida, hazla, si lo quieres, tu esclava,
átala, mas no sepas nunca cómo se acaba
el buen vino de oro, por haber dado entera
la risa en una tarde fatal de Primavera.

Si la muerte quisiera

I

Tú como yo, viajero, en un día cualquiera
llegamos al camino sin elegir acera.
Nos pusimos un traje como el que llevan todos
y adquirimos su aspecto, sus costumbres, sus modos.

Hemos andado mucho, sujetados por riendas
invisibles, los ojos fatigados de vendas.
Tenemos en las manos un poco de cicuta,
perdimos de la lengua el sabor de la fruta

y sabemos que un día seremos olvidados
por la vida, viajero, totalmente borrados.
Y tú y yo conocimos las selvas olorosas...
Y tú y yo no atinamos jamás a cortar rosas.

II

¿Sabes viajero? Tarde voy haciendo proyectos
de tentar nuevos rumbos desandando trayectos.
Tengo sed tan salvaje que me quema la boca.
Y ansío beber agua que brote de la roca.

Persigo las corrientes para bañar la piel,
alimentarme quiero de rosas y de miel,
dormir sobre los musgos, ignorar la palabra,
y tener dos amigos: un cisne y una cabra.

Si a mi fresco retiro te allegaras un día
tu viejo escepticismo quizá me encontraría
sentada bajo el árbol de la Sabiduría.

III

Oh, viajero, viajero, conversa con la Muerte
y dile que no impida mi camino, de suerte
que me allegue a la roca, que conozca la gruta,
que retorne a mis labios el sabor de la fruta.
Oh, viajero, viajero, conversa con la Muerte
y dile que me deje cortar flores, de suerte
que mis manos se vean bellamente cubiertas
por capullos de rosas y por rosas abiertas.

Como ella me dejara, lentamente, viajero,
coronada de mirtos, bajo sol agorero,
emprendería marchas hacia el nuevo sendero.

Tus dardos

Iba por la senda cargada de cardos,
y cuando me hirieron, traidores, tus dardos;
abejas doradas soltaron mis cardos.

Iba, por la senda, desnuda la espalda,
y hundidos tus dardos, un manto esmeralda
salpicada en oro, me cubrió la espalda.

Iba por la senda, negros los cabellos,
y cuando tus dardos lanzaron destellos
estrella de plata voló a mis cabellos.

Iba por la senda blanqueada de sal,
y cuando tus dardos me causaron mal
le brotaron rosas al suelo de sal.

Iba por la senda cansada de sed,
y cuando tus dardos tendiéronme red
bebiendo mi sangre me curé la sed.

Iba por la senda, los ojos sin luz,
y cuando en tus dardos recibí mi cruz
de mi carne oscura reventó la luz.

Iba por la senda, me asustó un ciprés,
y cuando, flechada, lo miré después,
reían las negras hojas del ciprés.

Iba por la senda y un búho pasó;
cuando dardo tuyo el corazón clavó,
lo miré a los ojos y el búho cantó.

Presentimiento

Tengo el presentimiento que he de vivir muy poco.
Esta cabeza mía se parece al crisol,
purifica y consume,
pero sin una queja, sin asomo horror,
para acabarme quiero que una tarde sin nubes,
bajo el límpido sol,
nazca de un gran jazmín una víbora blanca
que dulce, dulcemente, me pique el corazón.

El extraño deseo

Ser de oro, de una pieza trabajada al cincel,
con ojos de turquesas y rubíes por boca,
los dientes burilados sobre cristal de roca
y en la frente esmeraldas imitando laurel.

El todo de un aspecto fantástico y cruel;
algo como una estatua con aspecto de loca;
una mujer de oro, cuyo desnudo evoca
al Diablo contemplando telas de Rafael.

Sin corazón, sin alma. Fría como el misterio.
Una muerta que nunca logrará el cementerio.
Una muerta que espera frente a la Eternidad.

Cuyos ojos de piedras, ciegos pero brillantes,
sean faros extraños fijos y alucinantes
símbolos de la incógnita de la felicidad.

IRREMEDIABLEMENTE

Silencio...

Un día estaré muerta, blanca como la nieve,
dulce como los sueños en la tarde que llueve.

Un día estaré muerta, fría como la piedra,
quieta como el olvido, triste como la hiedra.

Un día habré logrado el sueño vespertino,
el sueño bien amado donde acaba el camino.

Un día habré dormido con un sueño tan largo
que ni tus besos puedan avivar el letargo.

Un día estaré sola, como está la montaña
entre el largo desierto y la mar que la baña.

Será una tarde llena de dulzuras celestes,
con pájaros que callan, con tréboles agrestes.

La primavera, rosa, como un labio de infante,
entrará por las puertas con su aliento fragante.

La primavera rosa me pondrá en las mejillas
—¡la primavera rosa!— dos rosas amarillas...

La primavera dulce, la que me puso rosas
encarnadas y blancas en las manos sedosas.

La primavera dulce que me enseñara a amarte,
la primavera misma que me ayudó a lograrte.

¡Oh la tarde postrera que imagino yo muerta
como ciudad en ruinas, milenaria y desierta!

¡Oh la tarde como esos silencios de laguna
amarillos y quietos bajo el rayo de luna!

¡Oh la tarde embriagada de armonía perfecta:
cuán amarga es la vida! ¡Y la muerte qué recta!

La muerte justiciera que nos lleva al olvido
como al pájaro lo acogen en el nido...

Y caerá en mis pupilas una luz bienhechora,
la luz azul celeste de la última hora.

Una luz tamizada que bajando del cielo
me pondrá en las pupilas la dulzura de un velo.

Una luz tamizada que ha de cubrirme toda
con su velo impalpable como un velo de boda.

Una luz que en el alma musitará despacio:
la vida es una cueva, la muerte es el espacio.

Y que ha de deshacerme en calma lenta y suma
como en la playa de oro se deshace la espuma.

. . . .

Oh, silencio, silencio... esta tarde es la tarde
en que la sangre mía ya no corre ni arde.

Oh silencio, silencio... en torno de mi cama
tu boca bien amada dulcemente me llama.

Oh silencio, silencio que tus besos sin ecos
se pierden en mi alma temblorosos y secos.

Oh silencio, silencio que la tarde se alarga
y pone sus tristezas en tu lágrima amarga.

Oh silencio, silencio que se callan las aves,
se adormecen las flores, se detienen las naves.

Oh silencio, silencio que una estrella ha caído
dulcemente a la tierra, dulcemente y sin ruido.

Oh silencio, silencio que la noche se allega
y en mi lecho se esconde, susurra, gime y ruega.

Oh silencio, silencio... que el Silencio me toca
y me apaga los ojos, y me apaga la boca.

Oh silencio, silencio... que la calma destilan
mis manos cuyos dedos lentamente se afilan...

Miedo

Aquí, sobre tu pecho, tengo miedo de todo;
estréchame en tus brazos como una golondrina,
y dime la palabra, la palabra divina
que encuentre en mis oídos dulcísimo acomodo.

Háblame amor, arrúllame, dame el mejor apodo,
besa mis pobres manos, acaricia la fina
mata de mis cabellos, y olvidaré, mezquina,
que soy, oh cielo eterno, solo un poco de lodo.

¡Es tan mala la vida! ¡Andan sueltas las fieras!…
Oh no he tenido nunca las bellas primaveras
que tienen las mujeres cuando todo lo ignoran.

En tus brazos, amado, quiero soñar en ellos,
mientras tus manos blancas suavizan mis cabellos,
mientras mis labios besan, mientras mis ojos lloran.

Diosa...

Concentrarás las flores de los bosques,
diosa Afrodita, y tejerás mi boca;
zumo oloroso dejarás en ella,
    diosa Afrodita.

Tomarás mármol tibio y palpitante
y hará mi cuerpo como el aire fino,
palomas blancas presurosas busquen
    nido en sus hombros.

Recogerás helechos de los prados
y con sus tallos blandos y flexibles
harás mis plantas; que por piel posean
    hojas de rosa.

Descolgarás estrellas de los cielos:
trocadas hebras en tus dedos blancos
hasta los pies, harás mi cabellera
    sedosa y rubia.

Sobre los prados de esmeralda, cerca
del templo donde las estatuas lucen,
alas livianas me atarás al flanco
    para que dance.

Del hombre-dios que destruyó tu gracia
su cielo azul no quitarás de mi alma,
deja fluir de Cristo en mis pupilas,
        toda la sombra.

Que así de bella y misteriosa quiero,
alma cristiana en ánfora de Grecia,
caer vencida junto al hombre sabio
        que amar no puede.

Melancolía

Oh muerte, yo te amo; pero te adoro, vida...
Cuando vaya en mi caja para siempre dormida,
haz que por vez postrera
penetre mis pupilas el sol de primavera.

Déjame algún momento bajo el calor del cielo,
deja que el sol fecundo se estremezca en mi hielo...
Era tan bueno el astro que en la aurora salía
a decirme: buen día.

No me asusta el descanso, hace bien el reposo,
pero antes que me bese el viajero piadoso
que todas las mañanas,
alegre como un niño, llegaba a mis ventanas.

Soy esa flor

Tu vida es un gran río, va caudalosamente,
a su orilla, invisible, yo broto dulcemente.
Soy esa flor perdida entre juncos y achiras
que piadoso alimentas, pero acaso ni miras.

Cuando creces me arrastras y me muero en tu seno,
cuando secas me muero poco a poco en el cieno;
pero de nuevo vuelvo a brotar dulcemente
cuando en los días bellos vas caudalosamente.

Soy esa flor perdida que brota en tus riberas
humilde y silenciosa todas las primaveras.

Ven...

Ven esta noche amado; tengo el mundo
sobre mi corazón... La vida estalla...
Ven esta noche amado; tengo miedo
de mi alma.

¡Oh no puedo llorar! Dame tus manos
y verás cómo el alma se resbala
tranquilamente; cómo el alma cae
en una lágrima.

Esa estrella

Esa estrella, la roja, de tal modo escintila
que quisiera sentirla palpitar en mi pecho...
Silenciosa me quedo en la noche tranquila,
encogida de miedo, bajo el fúlgido techo.

¡Cómo es roja y pequeña!... Se me antoja una guinda
madurada y sabrosa... Quisiera poseerla,
redondearla en mis dedos, conocer lo que brinda,
paladearla en mi boca, con mis dientes morderla.

Oh la fruta divina que crear a Dios plugo...
¿Qué sabor delicioso no tendría su jugo?
¿Qué perfume selecto no tendría su pulpa?

Pobre boca la mía, codiciosa del cielo,
pobre boca imprudente que no logra consuelo,
pobre boca sedienta, ¡castigada sin culpa!

Peso ancestral

Tú me dijiste: no lloró mi padre;
tú me dijiste: no lloró mi abuelo;
no han llorado los hombres de mi raza,
eran de acero.

Así diciendo te brotó una lágrima
y me cayó en la boca... más veneno:
yo no he bebido nunca en otro vaso
así pequeño.

Débil mujer, pobre mujer que entiende,
dolor de siglos conocí al beberlo:
oh, el alma mía soportar no puede
todo su peso.

Espera…

He de darte las manos, espera, todavía
está llena la tierra del murmullo del día.
La bóveda celeste no deja de ver ninguna
de sus estrellas… duerme en los cielos la luna.

He de darte las manos, pero aguarda, que ahora
todo piensa y trabaja —la vida es previsora—
pero el corazón mío se esconde solitario,
desconsolado y triste por el bullicio diario.

Hace falta que todo lo que se mueve cobre
una vaga pereza, que el esfuerzo zozobre,
que caiga sobre el mundo un tranquilo descanso,
un medio tono dulce, consolador y manso.

Espera… dulcemente, balsámica de calma,
se llegará la noche, yo te daré las manos,
pero ahora lo impiden esos ruidos mundanos;
hay luz en demasía, no puedo verte el alma.

El divino amor

Te ando buscando amor que nunca llegas,
te ando buscando amor que te mezquinas,
me aguzo por saber si me adivinas,
me doblo por saber si te me entregas.

Las tempestades mías, andariegas,
se han aquietado sobre un haz de espinas;
sangran mis carnes gotas purpurinas
porque a salvarme, oh niño, te me niegas.

Mira que estoy de pie sobre los leños,
que a veces bastan unos pocos sueños
para encender la llama que me pierde.

Sálvame, amor, y con tus manos puras
trueca este fuego en límpidas dulzuras
y haz de mis leños una rama verde.

¡Aymé!

Y sabías amar, y eras prudente,
y era la primavera y eras bueno,
y estaba el cielo azul, resplandeciente.

Y besabas mis manos con dulzura,
y mirabas mis ojos con tus ojos,
que mordían a veces de amargura.

Y yo pasaba como el mismo hielo...
Yo pasaba sin ver en dónde estaba
ni el cruel infierno ni el amable cielo.

Yo no sentía nada... En el vacío
vagaba con el alma condenada
a mi dolor satánico y sombrío.

Y te dejé marchar calladamente,
a ti que amar sabías y eras bueno,
y eras dulce, magnánimo y prudente.

... Toda palabra en ruego te fue poca,
pero el dolor cerraba mis oídos...
Ah, estaba el alma como dura roca.

Un Sol

Mi corazón es como un dios sin lengua,
mudo se está a la espera del milagro,
he amado mucho, todo amor fue magro,
que todo amor lo conocí con mengua.

He amado hasta llorar, hasta morirme,
amé hasta odiar, amé hasta la locura,
pero yo espero algún amor-natura
capaz de renovarme y redimirme.

Amor que fructifique mi desierto
y me haga brotar ramas sensitivas;
soy una selva de raíces vivas,
sólo el follaje suele estarse muerto.

¿En dónde está quien mi deseo alienta?
¿Me empobreció a sus ojos el ramaje?
Vulgar estorbo, pálido follaje,
distinto al tronco fiel que lo alimenta.

¿En dónde está el espíritu sombrío
de cuya opacidad brote la llama?
Ah, si mis mundos con su amor inflama
yo seré incontenible como un río.

¿En dónde está el que con su amor me envuelva?
Ha de traer su gran verdad sabida...
Hielo y más hielo recogí en la vida:
yo necesito un sol que me disuelva.

Frente al mar

Oh mar, enorme mar, corazón fiero
de ritmo desigual, corazón malo,
yo soy más blanda que ese pobre palo
que se pudre en tus ondas prisionero.

Oh mar, dame tu cólera tremenda,
yo me pasé la vida perdonando,
porque entendía, mar, yo me fui dando:
«Piedad, piedad para el que más ofenda».

Vulgaridad, vulgaridad me acosa.
Ah, me han comprado la ciudad y el hombre.
Hazme tener tu cólera sin nombre:
ya me fatiga esta misión de rosa.

¿Ves al vulgar? Ese vulgar me apena,
me falta el aire y donde falta quedo.
Quisiera no entender, pero no puedo:
es la vulgaridad que me envenena.

Me empobrecí porque entender abruma,
me empobrecí porque entender sofoca,
¡bendecida la fuerza de la roca!
Yo tengo el corazón como la espuma.

Mar, yo soñaba ser como tú eres
allá en las tardes que la vida mía
bajo las horas cálidas se abría…
Ah yo soñaba ser como tú eres.

Mírame aquí, pequeña, miserable,
todo dolor me vence, todo sueño;
mar, dame, dame el inefable empeño
de tornarme soberbia, inalcanzable.

Dame tu sal, tu yodo, tu fiereza.
¡Aire de mar!… ¡Oh tempestad! ¡Oh enojo!
Desdichada de mí, soy un abrojo,
y muero, mar, sucumbo en mi pobreza.

Y el alma mía es como el mar, es eso,
ah, la ciudad la pudre y la equivoca;
pequeña vida que dolor provoca,
¡que pueda libertarme de su peso!

Vuele mi empeño, mi esperanza vuele…
La vida mía debió ser horrible,
debió ser una arteria incontenible
y apenas es cicatriz que siempre duele.

LANGUIDEZ

El león

A Clemente Onelli

Entre barrotes negros, la dorada melena
paseas lentamente, y te tiendes por fin
descansando los tristes ojos sobre la arena
que brilla en los angostos senderos del jardín.

Bajo el sol de la tarde te has quedado sereno
y ante tus ojos pasa, fresca y primaveral,
la niña de quince años con su esponjado seno:
¿sueñas echarle garras, oh, goloso animal?

Miro tus grandes uñas, inútiles y corvas;
se abren tus fauces; veo el inútil molar,
e inútiles como ellos van tus miradas torvas
a morir en el hombre que te viene a mirar.

El hombre que te mira tiene las manos finas,
tiene los ojos fijos y claros como tú.
Se sonríe al mirarte. Tiene las manos finas,
león, los ojos tiene como los tienes tú.

Un día, suavemente, con sus corteses modos
hizo el hombre la jaula para encerrarte allí,
y ahora te contempla, apoyado de codos,
sobre el hierro prudente que lo aparta de ti.

No cede. Bien lo sabes. Diez veces en un día
tu cuerpo contra el hierro carcelario se fue:
diez veces contra el hierro fue inútil tu porfía.
Tus ojos, muy lejanos, hoy dicen: para qué.

No obstante, cuando corta el silencio nocturno
el rugido salvaje de algún otro león,
te crees en la selva, y el ojo, taciturno,
se te vuelve en la sombra encendido carbón.

Entonces como otrora, se te afinan las uñas,
y la garganta seca de una salvaje sed,
la piedra de tu celda vanamente rasguñas
y tu zarpazo inútil retumba en la pared.

Los hijos que te nazcan, bestia caída y triste,
de la leona esclava que por hembra te dan,
sufrirán en tu carne lo mismo que sufriste,
pero garras y dientes más débiles tendrán.

¿Lo comprendes y ruges? ¿Cuando escuálido un gato
pasa junto a tu jaula huyendo de un mastín
y a las ramas se trepa, se te salta al olfato
que así puede tu prole ser de mísera y ruin?

Alguna vez te he visto durmiendo tu tristeza,
la melena dorada sobre la piedra gris,

abandonado el cuerpo con la enorme pereza
que las siestas de fuego tienen en tu país.

Y sobre tu salvaje melena enmarañada
mi cuello delicado sintió la tentación
de abandonarse al tuyo, yo como tú, cansada,
de otra jaula más vasta que la tuya, león.

Como tú contra aquélla mil veces he saltado.
Mil veces, impotente, me volví a acurrucar.
¡Cárcel de los sentidos que las cosas me han dado!
Ah, yo del universo no me puedo escapar.

Mi hermana

Son las diez de la noche; en el cuarto en penumbra
mi hermana está dormida, las manos sobre el pecho;
es muy blanca su cara y es muy blanco su lecho.
Como si comprendiera la luz casi no alumbra.

En el lecho se hunde a modo de los frutos
rosados, en un hondo colchón de suave pasto.
Entra el aire a su pecho y levántalo casto
con su ritmo midiendo los fugaces minutos.

La arropo dulcemente con las blancas cubiertas
y protejo del aire sus dos manos divinas;
caminando en puntillas cierro todas las puertas,
entorno los postigos y corro las cortinas.

Hay mucho ruido afuera, ahoga tanto ruido.
Los hombres se querellan, murmuran las mujeres,
suben palabras de odio, gritos de mercaderes:
oh, voces, deteneos. No entréis hasta su nido.

Mi hermana está tejiendo como un hábil gusano
su capullo de seda: su capullo es un sueño.
Ella con hilo de oro teje el copo sedeño:
primavera es su vida. Yo ya soy el verano.

Cuenta sólo con quince octubres en los ojos,
y por eso los ojos son tan limpios y claros;
cree que las cigüeñas, desde países raros,
bajan con rubios niños de piececitos rojos.

¿Quién quiere entrar ahora? Oh ¿eres tú, buen viento?
¿Quieres mirarla? Pasa. Pero antes, en mi frente
entíbiate un instante; no vayas de repente
a enfriar el manso sueño que en la suya presiento.

Como tú, bien quisieran entrar ellos y estarse
mirando esa blancura, esas pulcras mejillas,
esas finas ojeras, esas líneas sencillas.
Tú los verías, viento, llorar y arrodillarse.

Ah, si la amáis un día sed buenos, porque huye
de la luz si la hiere. Cuidad vuestra palabra,
y la intención. Su alma, como cera se labra,
pero como a la cera el roce la destruye.

Haced como esa estrella que de noche la mira
filtrando el ojo de oro por cristalino velo:
esa estrella le roza las pestañas y gira,
para no despertarla, silenciosa en el cielo.

Volad si os es posible por su nevado huerto:
¡piedad para su alma! Ella es inmaculada.
¡Piedad para su alma! Yo lo sé todo, es cierto,
pero ella es como el cielo: ella no sabe nada.

La casa
(Sonata romántica)

Circundada por selvas, bajo el cielo
siempre azulado, nuestra casa era
algo como el plumón y el terciopelo:
un tibio corazón de primavera.

Se hablaba quedo en nuestra casa;
cierto que cobijaba tantas aves,
que nos salían las palabras suaves
como si las dijéramos a un muerto.

Pero nada era triste: la dulzura
poníamos tan dócil armonía
que hasta el suspiro tenue presentía
en sus patios sombreados de verdura.

El mármol blanco de los corredores
parecía dormir un sueño largo.
Las fuentes compartían su letargo.
Soñaban las estatuas con amores.

Cedían los sillones blandamente,
como un pecho materno, y era fino,
muy fino el aire, así como divino,
cuando filtraba el oro del poniente.

¡Cómo me acuerdo de la noche aquella
en que entré sostenida por tu brazo!
Moría casi bajo el doble abrazo
de tu mirada y de la noche bella.

¡Moría casi! Me llevaste tierno
por largas escaleras silenciosas
y ni tuve conciencia de las cosas:
era un cuerpo cansado y sin gobierno.

No sé cómo llegamos a una estancia.
La penumbra interior, los pasos quedos,
tus besos que morían en mis dedos
me tornaron el alma una fragancia.

Abriste una ventana: allá, lejano,
plateaba el río y el silencio era
dulce y enorme, y era primavera,
y se movía el río sobre el llano.

Caminaba hacia el mar con tal dulzura
que parecía una palabra buena.
Iba a darse sin fin; la quieta arena
mirábalo pasar con amargura.

Y mi alma también rodó en el río,
se hundió con él en perfumadas frondas,
siguiéndolo hasta el mar cayó en sus ondas,
y suyo fue el divino poderío.

Se curvó blanda en el enorme vaso,
de allí se desprendió como un suspiro,

ascendió por los buques y el retiro
de otras mujeres sorprendió de paso.

Subió hasta las ciudades de otro mundo;
dormían todos, todo estaba blanco,
luego vio cada mundo como un banco
de arena muerta en el azul profundo.

Y desde aquel azul que todo abisma
miró en la tierra esta ventana abierta:
¿quién era esa criatura medio muerta?
Y se bajó a mirar. ¡Y era yo misma!

Cuando volvió del viaje, envejecida
de tanto haber vagado unos instantes,
le esperaban tus ojos suplicantes:
se hundió por ellos y encontró la vida.

¿Recuerdas tú? La casa era un arrullo,
un perfume infinito, un nido blando:
nunca se dijo la palabra cuándo.
Se decía, muy quedo: mío y tuyo.

La caricia perdida

Se me va de los dedos la caricia sin causa,
se me va de los dedos... En el viento, al pasar,
la caricia que vaga sin destino ni objeto,
la caricia perdida ¿quién la recogerá?

Pude amar esta noche con piedad infinita,
pude amar al primero que acertara a llegar.
Nadie llega. Están solos los floridos senderos.
La caricia perdida, rodará... rodará...

Si en los ojos te besan esta noche, viajero,
si estremece las ramas un dulce suspirar,
si te oprime los dedos una mano pequeña
que te toma y te deja, que te logra y se va.

Si no ves esa mano, ni la boca que besa,
si es el aire quien teje la ilusión de besar,
oh, viajero, que tienes como el cielo los ojos,
en el viento fundida ¿me reconocerás?

Languidez

Está naciendo octubre
con sus mañanas claras.

He dejado mi alcoba
envuelta en telas claras,
anudado el cabello
al descuido; mis plantas
libres, desnudas, juegan.

Me he tendido en la hamaca,
muy cerca de la puerta,
un poco amodorrada.
El sol que está subiendo
ha encontrado mis plantas
y las tiñe de oro...

Perezosa mi alma
ha sentido que, lento,
el sol subiendo estaba
por mis pies y tobillos
así, como buscándola.

Yo sonrío: este bueno
de sol, no ha de encontrarla,
pues yo, que soy su dueña,

no sé por dónde anda:
cazadora, ella parte
y trae, azul, la caza...

Un niño viene ahora,
la cabeza dorada...

Se ha sentado a mi lado
sin pronunciar palabra;
como yo el cielo mira.
Como yo, sin ver nada.
Me acaricia los dedos
de los pies, con la blanca
mano; por los tobillos
las yemas delicadas

de sus dedos desliza...
Por fin, sobre mis plantas
ha puesto su mejilla,
y en la fría pizarra
del piso el cuerpo tiende
con infinita gracia.

Cae el sol dulcemente,
oigo voces lejanas,
está el cielo muy lejos...

Yo sigo amodorrada
con la rubia cabeza
muerta sobre mis plantas.
... Un pájaro la arteria
que por su cuello pasa...

Carta lírica a otra mujer

Vuestro nombre no sé, ni vuestro rostro
conozco yo, y os imagino blanca,
débil como los brotes iniciales,
pequeña, dulce… Ya ni sé… Divina.
En vuestros ojos placidez de lago
que se abandona al sol y dulcemente
le absorbe su oro mientras todo calla.
Y vuestras manos, finas, como aqueste
dolor, el mío, que se alarga, alarga,
y luego se me muere y se concluye
así, como lo veis, en algún verso.
Ah, ¿sois así? Decidme si en la boca
tenéis un rumoroso colmenero,

si las orejas vuestras son a modo
de pétalos de rosas ahuecados…
Decidme si lloráis, humildemente,
mirando las estrellas tan lejanas,
y si en las manos tibias se os aduermen
palomas blancas y canarios de oro.
Porque todo eso y más, vos sois, sin duda;
vos, que tenéis el hombre que adoraba
entre las manos dulces; vos la bella
que habéis matado, sin saberlo acaso,

toda esperanza en mí... Vos, su criatura.
Porque él es todo vuestro: cuerpo y alma
estáis gustando del amor secreto
que guardé silencio... Dios lo sabe
por qué, que yo no alcanzo a penetrarlo.
Os lo confieso que una vez estuvo
tan cerca de mi brazo, que a extenderlo
acaso mía aquella dicha vuestra
me fuera ahora... ¡sí! Acaso mía...
Mas ved, estaba el alma tan gastada
que el brazo mío no alcanzó a extenderse:
la sed divina, contenida entonces,
me pulió el alma... ¡Y él ha sido vuestro!
¿Comprendéis bien? Ahora, en vuestros brazos
él se adormece y le decís palabras
pequeñas y menudas que semejan
pétalos volanderos y muy blancos.
Acaso un niño rubio vendrá luego
a copiar en los ojos inocentes
los ojos vuestros y los de él
unidos en un espejo azul y cristalino...
¡Oh, ceñidle la frente! ¡Era tan amplia!
¡Arrancaban tan firmes los cabellos
a grandes ondas, que a tenerla cerca
no hiciera yo otra cosa que ceñirla!
Luego dejad que en vuestras manos vaguen
los labios suyos; él me dijo un día
que nada era tan dulce al alma suya
como besar las femeninas manos...
Y acaso, alguna vez, yo; la que anduve
vagando por afuera de la vida,
—como aquellos filósofos mendigos

que van a las ventanas señoriales
a mirar sin envidia toda fiesta—
me allegue humildemente a vuestro lado
y con palabras quedas, susurrantes,
os pida vuestras manos un momento,
para besarlas, yo, como él las besa...
Y al recubrirlas, lenta, lentamente,
vaya pensando: aquí se aposentaron
¿cuánto tiempo, sus labios, cuánto tiempo
en las divinas manos que son suyas?
¡Oh qué amargo deleite, este deleite
de buscar huellas suyas y seguirlas
sobre las manos vuestras tan sedosas,
tan finas, con sus venas tan azules!
Oh, que nada podría, ni ser suya,
ni dominarle el alma, ni tenerlo
rendido aquí a mis pies, recompensarme
este horrible deleite de hacer mío
un inefable, apasionado rastro.
Y allí en vos misma, sí, pues sois barrera,
barrera ardiente, viva, que al tocarla
ya me remueve este cansancio amargo
este silencio de alma en que me escudo,
este dolor mortal en que me abismo,
esta inmovilidad del sentimiento
que sólo salta, bruscamente, ¡cuando
nada es posible!

Han venido...

Hoy han venido a verme
mi madre y mis hermanas.

Hace ya tiempo que yo estaba sola
con mis versos, mi orgullo... casi nada.

Mi hermana, la más grande, está crecida,
es rubiecita; por sus ojos pasa
el primer sueño. He dicho a la pequeña:
—La vida es dulce. Todo mal acaba...

Mi madre ha sonreído como suelen
aquellos que conocen bien las almas;
ha puesto sus dos manos en mis hombros,
me ha mirado muy fijo...
y han saltado mis lágrimas.

Hemos comido juntas en la pieza
más tibia de la casa.
Cielo primaveral... para mirarlo
fueron abiertas todas las ventanas.

Y mientras conversábamos tranquilas
de tantas cosas viejas y olvidadas,
mi hermana, la menor, ha interrumpido:
—Las golondrinas pasan...

Van pasando mujeres

Cada día que pasa, más dueña de mí misma,
sobre mí misma cierro mi morada interior;
en medio de los seres la soledad me abisma.
Ya ni domino esclavos, ni tolero señor.

Ahora van pasando mujeres a mi lado
cuyos ojos trascienden la divina ilusión.
El fácil paso llevan de un cuerpo aligerado:
se ve que poco o nada les pesa el corazón.

Algunas tienen ojos azules e inocentes;
van soñando embriagadas, los pasos al azar;
la claridad del cielo se aposenta en sus frentes
y como son muy finas se las oye soñar.

Sonrío a su belleza, tiemblo por sus ensueños,
el fino tul de su alma ¿quién lo recogerá?
Son pequeñas criaturas, mañana tendrán dueños,
y ella pedirá flores... y él no comprenderá.

Les llevo una ventaja que place a mi conciencia:
los sueños que ellas tejen no los supe tejer,
y en manos ignorantes no perdí mi inocencia.
Como nunca la tuve, no la pude perder.

Nací yo sin blancura; pequeña todavía
el pequeño cerebro se puso a combinar;
Cuenta mi pobre madre que, como comprendía,
yo aprendí muy temprano la ciencia de llorar.

Y el llanto fue la llama que secó mi blancura
en las raíces mismas del árbol sin brotar,
y el alma está candente de aquella quemadura.
¡Hierro al rojo mi vida! ¿Cómo pude durar?

Alma mía, la sola; tu limpieza, escondida
con orgullo sombrío, nadie la arrullará;
Si en música divina fuera el alma adormida,
el alma, comprendiendo, no despertara ya.

Tengo sueño mujeres, tengo un sueño profundo.
Oh humanos, en puntillas el paso deslizad;
mi corazón susurra: me haga silencio el mundo,
y mi alma musita fatigada: ¡callad!...

Charla

Una voz en mi oído graves palabras vierte:
—¿Por qué, me dice, no eres, oh tú, la mujer fuerte?

Es bella la figura de la mujer heroica
cuidando el fuego sacro con su mano de estoica.

Y yo sonrío y digo: La vida es una rueda.
Todo está bien. Lo malo con lo bueno se enreda.

Si unas no parecieran desertoras vestales,
en fuga hacia las dulces, paganas bacanales,

las otras no tendrían valor de mujer fuerte:
la vida, al fin de cuentas, se mide por la muerte.

Ya ves: con mis locuras en verso yo he logrado
distraerte un momento y hacerte más amado

el fino y blanco nombre de la mujer que quieres,
reservada y discreta: espuma de mujeres.

¿Qué más pides? Con algo contribuí a tu vida,
pensaste, comparaste; voló el tiempo en seguida.

Mas ni con eso tengo yo tu agradecimiento.
¡Oh, buen género humano: nunca quedas contento!

Un cementerio que mira al mar

Decid, oh, muertos, ¿quién os puso un día
así acostados junto al mar sonoro?
¿Comprendía quien fuera que los muertos
se hastían ya del canto de las aves
y os han puesto muy cerca de las olas
por que sintáis del mar azul, el ronco
bramido que apavora?

Os estáis junto al mar que no se calla
muy quietecitos, con el muerto oído
oyendo cómo crece la marea,
y aquel mar que se mueve a vuestro lado,
es la promesa no cumplida de una
resurrección.

En primavera, el viento, suavemente,
desde la barca que allá lejos pasa,
os trae risas de mujeres… Tibio
un beso viene con la risa, filtra
la piedra fría y se acurruca, sabio,
en vuestra boca, y os consuela un poco…
Pero en noches tremendas, cuando aúlla
el viento sobre el mar y allá a lo lejos
los hombres vivos que navegan tiemblan

sobre los cascos débiles, y el cielo
se vuelca sobre el mar en aluviones,
vosotros, los eternos contenidos,
no podéis más, y con esfuerzo enorme
levantáis las cabezas de la tierra

y en un lenguaje que ninguno entiende
Gritáis: —Venid, olas del mar, rodando,
venid de golpe y envolvedlos como
nos envolvieron, de pasión movidos,
brazos amantes. Estrujadnos, olas,
movednos de este lecho donde estamos
horizontales, viendo cómo pasan
los mundos por el cielo, noche a noche...
Entrad por nuestros ojos consumidos,
buscad la lengua, la que habló, y movedla,
¡echadnos fuera del sepulcro a golpes!

Y acaso el mar escuche, innumerable,
vuestro llamado, monte por la playa,
¡y os cubra al fin terriblemente hinchado!

Entonces, como obreros que comprenden,
se detendrán las olas y leyendo
las lápidas inscriptas, poco a poco
las moverán a suaves golpes, hasta
que las desplacen, lentas, y os liberten.
¡Oh, qué hondo grito el que daréis, qué enorme
grito de muerto, cuando el mar os coja
entre sus brazos, y os arroje al seno
del grande abismo que se mueve siempre!

Brazos cansados de guardar la misma
horizontal postura; tibias largas,
calaveras sonrientes; elegantes
fémures corvos, confundidos todos,
danzarán bajo el rayo de la luna
la milagrosa danza de las aguas.

Y algunas desprendidas cabelleras,
rubias acaso, como el sol que baje
curioso, a veros, islas delicadas
formarán sobre el mar y acaso atraigan
a los pequeños pájaros viajeros.

Letanías de la tierra muerta

A Gabriela Mistral

Llegará un día en que la raza humana
se habrá secado como planta vana,

y el viejo sol en el espacio sea
carbón inútil de apagada tea.

Llegará un día en que el enfriado mundo
será un silencio lúgubre y profundo:

una gran sombra rodeará la esfera
donde no volverá la primavera;

la tierra muerta, como un ojo ciego,
seguirá andando siempre sin sosiego,

pero en la sombra, a tientas, solitaria,
sin un canto, ni un ¡ay!, ni una plegaria.

Sola, con sus criaturas preferidas
en el seno cansadas y dormidas.

(Madre que marcha aún con el veneno
de los hijos ya muertos en el seno).

Ni una ciudad de pie... Ruinas y escombros
soportará sobre los muertos hombros.

Desde allí arriba, negra, la montaña
la mirará con expresión huraña.

Acaso el mar no será más que un duro
bloque de hielo, como todo, oscuro.

Y así, angustiado en su dureza, a solas
soñará con sus buques y sus olas,

y pasará los años en acecho
de un solo barco que le surque el pecho.

Y allá, donde la tierra se le aduna,
ensoñará la playa con la luna,

y ya nada tendrá más que el deseo
pues la luna será otro mausoleo.

En vano querrá el bloque mover bocas
para tragar los hombres, y las rocas

oír sobre ellas el horrendo grito
del náufrago clamando al infinito:

ya nada quedará: de polo a polo
lo habrá barrido todo un viento solo:

voluptuosas moradas de latinos
y míseros refugios de beduinos;

oscuras cuevas de los esquimales
y finas y lujosas catedrales;

y negros, y amarillos y cobrizos,
y blancos, y malayos y mestizos.

Se mirarán entonces bajo tierra
pidiéndose perdón por tanta guerra.

De las manos tomados, la redonda
Tierra, circundarán en una ronda.

Y gemirán en coro de lamentos:
—¡Oh, cuántos vanos, torpes sufrimientos!

—La tierra era un jardín lleno de rosas
y lleno de ciudades primorosas;

—se recostaban sobre ríos unas,
otras sobre los bosques y lagunas.

—Entre ellas se tendían finos rieles,
quieran a modo de esperanzas fieles,

—y florecía el campo, y todo era
risueño y fresco como una pradera;

—y en vez de comprender, puñal en mano
estábamos, hermano contra hermano;

—calumniábanse entre ellas las mujeres
y poblaban el mundo mercaderes;

—íbamos todos contra el que era bueno
a cargarlo de lodo y de veneno...

—Y ahora, blancos huesos, la redonda
Tierra rodeamos en hermana ronda.

—Y de la humana, nuestra llamarada,
¡sobre la tierra en pie no queda nada!

* * *

Pero quién sabe si una estatua muda
de pie no quede aún sola y desnuda.

Y así, surcando por las sombras, sea
el último refugio de la idea.

El último refugio de la forma
que quiso definir de Dios la norma,

y que, aplastada por su sutileza,
sin entenderla, dio con la belleza.

Y alguna dulce, cariñosa estrella,
preguntará tal vez: ¿Quién es aquélla?

—¿Quién es esa mujer que así se atreve,
sola, en el mundo muerto que se mueve?

Y la amará por celestial instinto
hasta que caiga al fin desde su plinto.

Y acaso un día, por piedad sin nombre
hacia esta pobre tierra y hacia el hombre,

la luz de un sol que viaje pasajero
vuelva a incendiarla en su fulgor primero,

y le insinué: —Oh, fatigada esfera:
¡sueña un momento con la primavera!

—Absórbeme un instante: soy el alma
universal que muda y no se calma...

¡Cómo se moverán bajo la tierra
aquellos muertos que su seno encierra!

¡Cómo pujando hacia la luz divina
querrán volar al que los ilumina!

Mas será en vano que los muertos ojos
pretendan alcanzar los rayos rojos.

¡En vano! ¡En vano!... ¡Demasiado espesas
serán las capas, ay, sobre sus huesas!...

Amontonados todos y vencidos,
ya no podrán dejar los viejos nidos,

y al llamado del astro pasajero
ningún hombre podrá gritar: ¡Yo quiero!...

OCRE

Humildad

Yo he sido aquella que paseó orgullosa
el oro falso de unas cuantas rimas
sobre su espalda, y se creyó gloriosa,
de cosechas opimas.

Ten paciencia, mujer que eres oscura:
algún día, la Forma Destructora
que todo lo devora,
borrará mi figura.

Se bajará a mis libros, ya amarillos,
y alzándola en sus dedos, los carrillos
ligeramente inflados, con un modo

de gran señor a quien lo aburre todo,
de un cansado soplido
me aventará al olvido.

Las grandes mujeres

En las grandes mujeres reposó el universo.
Las consumió el amor, como el fuego al estaño,
a unas; reinas, otras, sangraron su rebaño.
Beatriz y Lady Macbeth tienen genio diverso.

De algunas, en el mármol, queda el seno perverso.
Brillan las grandes madres de los grandes de antaño
la carne perfecta, dadivosa del daño.
Y son las exaltadas que entretejen el verso.

De los libros las tomo como de un escenario
fastuoso —¿Las envidias, corazón mercenario?
Son gloriosas y grandes, y eres nada, te arguyo.

—Ay, rastreando en sus almas, como en selva las lobas,
a mirarlas de cerca me bajé a sus alcobas
y oí un bostezo enorme que se parece al tuyo.

Indolencia

A pesar de mí misma te amo; eres tan vano
como hermoso, y me dice, vigilante, el orgullo:
«¿Para esto elegías? Gusto bajo es el tuyo;
no te vendas a nada, ni a un perfil de romano».

Y me dicta el deseo, tenebroso y pagano,
de abrirte un ancho tajo por donde tu murmullo
vital fuera colando... Sólo muerto mi arrullo
más dulce te envolviera, buscando boca y mano.

—¿Salomé rediviva?— Son más pobres mis gestos.
Ya para cosas trágicas malos tiempos son éstos.
Yo soy la que incompleta vive siempre su vida.

Pues no pierde su línea por una fiesta griega
y al acaso indeciso, ondulante, se pliega
con los ojos lejanos y el alma distraída.

Olvido

Lidia Rosa: hoy es martes y hace frío. En tu casa,
de piedra gris, tú duermes tu sueño en un costado
de la ciudad ¿Aún guardas tu pecho enamorado,
ya que de amor moriste? Te diré lo que pasa:

el hombre que adorabas, de grises ojos crueles,
en la tarde de otoño fuma su cigarrillo.
Detrás de los cristales mira el cielo amarillo
y la calle en que vuelan desteñidos papeles.

Toma un libro, se acerca a la apagada estufa,
en el toma corriente al sentarse la enchufa
y sólo se oye un ruido de papel desgarrado.

Las cinco. Tú caías a esta hora en su pecho,
y acaso te recuerda… Pero su blando lecho
ya tiene el hueco tibio de otro cuerpo rosado.

Palabras a Rubén Darío

Bajo sus lomos rojos, en la oscura caoba,
tus libros duermen. Sigo los últimos autores:
otras formas me atraen, otros nuevos colores
y a tus Fiestas paganas la corriente me roba.

Goza de estilos fieros —anchos dientes de loba.
De otros sobrios, prolijos —cipreses veladores.
De otros blancos y finos —columnas bajo flores.
De otros ácidos y ocres —tempestades de alcoba.

Ya te había olvidado y al azar te retomo,
y a los primeros versos se levanta del tomo
tu fresco y fino aliento de mieles olorosas.

Amante al que se vuelve como la vez primera:
eres la boca que allá, en la primavera,
nos licuara en las venas todo un bosque de rosas.

Versos a la tristeza de Buenos Aires

Tristes calles derechas, agrisadas e iguales,
por donde asoma, a veces, un pedazo de cielo,
sus fachadas oscuras y el asfalto del suelo
me apagaron los tibios sueños primaverales.

Cuánto vagué por ellas, distraída, empapada
en el vaho grisáceo, lento, que las decora.
De su monotonía mi alma padece ahora.
—¡Alfonsina! —No llames. Ya no respondo a nada.

Si en una de tus casas, Buenos Aires, me muero
viendo en días de otoño tu cielo prisionero
no me será sorpresa la lápida pesada.

Que entre tus calles rectas, untadas de su río
apagado, brumoso, desolante y sombrío,
cuando vagué por ellas, ya estaba yo enterrada.

Inútil soy

Por seguir de las cosas el compás,
a veces quise, en este siglo activo,
pensar, luchar, vivir con lo que vivo,
ser en el mundo algún tornillo más.

Pero, atada al ensueño seductor,
de mi instinto volví al oscuro pozo,
pues, como algún insecto perezoso
y voraz, yo nací para el amor.

Inútil soy, pesada, torpe, lenta.
Mi cuerpo, al sol, tendido, se alimenta
y sólo vivo bien en el verano,
cuando la selva huele y la enroscada
serpiente duerme en tierra calcinada;
y la fruta se baja hasta mi mano.

Siglo mío

Siglo mío: concentra tu alma en una criatura.
Ya la veo: haz de nervios, casi sin envoltura.
Y en la mano, cargada de elegantes anillos,
un frasco inmundo lleva de ungüentos amarillos.

Viene hacia mí, me toma la mano descarnada,
pues mi gran risa aguda, ocre y desesperada,
dice bien y se entiende con sus frases audaces,
insolentes y frías, y sus modos procaces.

Yo la invito: —Del brazo vamos por esas calles,
jovencitas de delicados talles,
no vírgenes, y hombres fatigados veremos.

Sigamos tras la ola que el tango descoyunta,
por entre rascacielos la astuta luna apunta,
¡ea! al compás gangoso de una jazz-band, ¡bailemos!

Femenina

Baudelaire: yo me acuerdo de tus Flores del mal
en que hablas de una horrible y perversa judía
acaso como el cuerpo de las serpientes fría,
en lágrimas indocta, y en el daño genial.

Pero a su lado no eras tan pobre, Baudelaire:
de sus formas vendidas, y de su cabellera
y de sus ondulantes caricias de pantera,
hombre al cabo, lograbas un poco de placer.

Pero yo, femenina, Baudelaire, ¿qué me hago
de este hombre calmo y prieto como un gélido lago,
oscuro de ambiciones y ebrio de vanidad,

en cuyo enjuto pecho salino no han podido
ni mi cálido aliento, ni mi beso rendido,
hacer brotar un poco de generosidad?

Palabras a Delmira Agustini

Estás muerta y tu cuerpo, bajo uruguayo manto,
descansa de su fuego, se limpia de su llama.
Sólo desde tus libros tu roja lengua llama
como cuando vivías, al amor y al encanto.

Hoy, si un alma de tantas, sentenciosa y oscura,
con palabras pesadas va a sangrarte el oído,
encogida en tu pobre cajoncito roído
no puedes contestarle desde tu sepultura.

Pero sobre tu pecho, para siempre deshecho,
comprensivo vigila, todavía, mi pecho,
y si ofendida lloras por tus cuencas abiertas,

tus lágrimas heladas, con mano tan liviana
que más que mano amiga parece mano hermana,
te enjugo dulcemente las tristes cuencas muertas.

Confesión

Por un miserable muero de ternura:
amo una armazón
bella, de elegante, fina contextura,
privada del zumo que da el corazón.

Su triste vacío sube a su mirada
lánguida, lavada,
y en sus venas blancas —ramaje nevado—
el limo sanguíneo parece estancado.

A veces, con modo que ya desvaría,
de mi boca ardiente a su boca fría,
le soplo mi alma: parece agitada.

Su carne, y el alma se le curva un poco.
Ay, luego la toco
y siento la goma de la cosa inflada.

Traición

Sobre mi alma que era ardida cal,
en este dulce comenzar de otoño
no sé de dónde, se insinuó un retoño
y un nuevo amor me da su bien y mal.

Me ausculto ahora, miro este inicial
amor con miedo y se me antoja un moño
rojo, en un traje pálido de otoño.
¿No di palabra a una pasión ideal?

Corazón que me vienes de mujer:
hay algo superior al propio ser
en las mujeres: su naturaleza.

Traiciono a cada instante sin querer,
luego lloro y desnudo, con nobleza,
la llaga obscura que en mi pecho pesa.

Palabras de la virgen moderna

Dame tu cuerpo bello, joven de sangre pura,
no moderno en el arte de amar, como en la hora
que fue clara la entrega, en mi boca demora
tu boca, de otra boca negada a la dulzura.

Si tu sabiduría no me obliga a malicia,
ni tu mente cristiana me despierta rubores,
ni huellas de hetaíras enturbian tus amores
en mi franqueza blanca todo será delicia.

Y así como a la Eva, cuando, cándida y fiera,
las verdades supremas le fueron reveladas,
me quedará en las manos, a tu forma entregadas,
la embriagante dulzura de la fruta primera.

Epitafio para mi tumba

Aquí descanso yo: dice Alfonsina
el epitafio claro, al que se inclina.

Aquí descanso yo, y en este pozo,
pues que no siento, me solazo y gozo.

Los turbios ojos muertos ya no giran,
los labios, desgranados, no suspiran.

Duermo mi sueño eterno a pierna suelta,
me llaman y no quiero darme vuelta.

Tengo la tierra encima y no la siento,
llega el invierno y no me enfría el viento.

El verano mis sueños no madura,
la primavera el pulso no me apura.

El corazón no tiembla, salta o late,
fuera estoy de la línea de combate.

¿Qué dice el ave aquella, caminante?
Tradúceme su canto perturbante:
«Nace la luna nueva, el mar perfuma,
»los cuerpos bellos báñanse de espuma.

»Va junto al mar un hombre que en la boca
»lleva una abeja libadora y loca:

»bajo la blanca tela el torso quiere
»el otro torso que palpita y muere.

»Los marineros sueñan en las proas,
»cantan muchachas desde las canoas.

»Zarpan los buques y en sus claras cuevas
»los hombres parten hacia tierras nuevas.

»La mujer, que en el suelo está dormida,
»y en su epitafio ríe de la vida,

»como es mujer, grabó en su sepultura
»una mentira aún: la de su hartura».

MUNDO DE SIETE POZOS

Ojo

Reposa.
El crepúsculo
muere más
allí, donde, pájaro quieto,
aguarda.

Mares tristes,
apretados,
mueven
en él
sus olas.

Los paisajes
del día
lo navegan
lentos.

Tímidas,
las primeras estrellas
lloran
su luz insabora
en la pupila fija.

En el fondo oscuro
largas hileras humanas
se le desplazan
incesantemente:

parten
en distintas
direcciones;
retroceden;
retroceden:
tocan
los primeros
hombres:

gimen porque nace el sol.
Gimen porque muere el sol...

Todo está allí,
apretado en la cuenca,
donde,
pájaro quieto,
aguarda.

Y la cabeza comenzó a arder

Sobre la pared
negra
se abría
un cuadrado
que daba
al más allá.

Y rodó la luna
hasta la ventana;
se paró
y me dijo:
«De aquí no me muevo;
te miro.

No quiero crecer
ni adelgazarme.
Soy la flor
infinita
que se abre
en el agujero
de tu casa.

No quiero ya
rodar

detrás de
las tierras
que no conoces,
mariposa,
libadora
de sombras.

Ni alzar fantasmas
sobre las cúpulas
lejanas
que me beben.
Me fijo.
Te miro».
Y yo no contestaba.
Una cabeza
dormía bajo
mis manos.
Blanca
como tú,
luna.

Los pozos de sus ojos
fluían un agua
parda
estriada
de víboras luminosas.

Y de pronto
la cabeza
comenzó a arder
como las estrellas
en el crepúsculo.

Y mis manos
se tiñeron
de una substancia
fosforescente.

E incendio
con ella
las casas
de los hombres,
los bosques
de las bestias.

Palabras degolladas

Palabras degolladas,
caídas de mis labios
sin nacer;
estranguladas vírgenes
sin sol posible;
pesadas de deseos,
henchidas...

Deformadoras de mi boca
en el impulso de asomar
y el pozo del vacío
al caer...
Desnatadoras de mi miel celeste,
apretada en vosotras
en coronas floridas.

Desangrada en vosotras
—no nacidas—
redes del más aquí y el más allá,
medialunas,
peces descarnados,
pájaros sin alas,
serpientes desvertebradas...
No perdones,
corazón.

Agrio está el mundo

Agrio está el mundo,
inmaduro,
detenido;
sus bosques
florecen puntas de acero;
suben las viejas tumbas
a la superficie;
el agua de los mares
acuna
casas de espanto.

Agrio está el sol
sobre el mundo,
ahogados en los vahos
que de él ascienden,
inmaduro,
detenido.

Agria está la luna
sobre el mundo;
verde,
desteñida;
caza fantasmas
con sus patines
húmedos.

Agrio está el viento
sobre el mundo;
alza nubes de insectos muertos,
se ata, roto,
a las torres,
se anuda crespones
de llanto;
pesa sobre los techos.

Agrio está el hombre
sobre el mundo,
balanceándose
sobre sus piernas:

a sus espaldas,
todo,
desierto de piedras;
a su frente,
todo,
desierto de soles,
ciego...

Retrato de García Lorca

Buscando raíces de alas
la frente
se le desplaza
a derecha
a izquierda.

Y sobre el remolino
de la cara
se le fija,
telón del más allá,
comba y ancha.

Una alimaña
le grita en la nariz
que intenta aplastársele
enfurecida…

Irrumpe un griego
por sus ojos distantes.

Un griego
que sofocan de enredaderas
las colinas andaluzas
de sus pómulos

y el valle trémulo
de la boca.

Salta su garganta
hacia afuera
pidiendo
la navaja lunada
de aguas filosas.
Cortádsela.
De norte a sud.
De este a oeste.

Dejad volar la cabeza,
la cabeza sola,
herida de ondas marinas
negras...
Y de guedejones de sátiro
que le caen
como campánulas
en la cara
de máscara antigua.

Apagadle
la voz de madera,
cavernosa,
arrebujada
en las catacumbas nasales.

Libradlo de ella,
y de sus brazos dulces,
y de su cuerpo terroso.

Forzadle sólo,
antes de lanzarlo
al espacio,
el arco de las cejas
hasta hacerlos puentes
del Atlántico,
del Pacífico…

Por donde los ojos,
navíos extraviados,
circulen
sin puertos
ni orillas…

Retrato de un muchacho que se llama Sigfrido

Tu nombre suena
como los cuernos de caza
despertando las selvas vírgenes.

Y tu nariz aleteante,
triángulo de cera vibrátil,
es la avanzada
de tu beso joven.

Tu piel morena
rezuma
cantos bárbaros.

Pero tu mirada de aguilucho,
abridora simultánea
de siete caminos,
es latina.

Y tu voz,
untada de la humedad del Plata,
ya es criolla.

Te curva las arterias
el agua del Rhin.

El tango
te desarticula
la voluntad.

Y el charleston
te esculpe
el cuerpo.

Tus manos,
heridas de intrincados caminos,
son la historia
de una raza
de amadores.

En tu labio
de sangre huyente
el grito de las valkirias
se estremece todavía.

Tu cuello es un pedúnculo
quebrado por tus sueños.

De tu pequeña cabeza
fina
emergen ciudades heroicas.

No he visto tu corazón:
debe abrirse
en largos pétalos
grises.

He visto tu alma:
lágrima
ensanchada en mar azul:
al evaporarse
el infinito se puebla
de lentas colinas malva.

Tus piernas
no son las columnas
del canto salomónico:
suavemente se arquean
bajo la cadena de hombres
que te precedió.

Tienes un deseo: morir.
Y una esperanza: no morir.

Balada arrítmica para un viajero

Yo tenía un amor,
un amor pequeñito,
y mi amor se ha ido.
¡Feliz viaje, mi amor, feliz viaje!

No era muy grande mi amor,
no era muy alto;
nunca lo vi en traje de baño;
pero debía tener un cuerpo
parecido al de Suárez.
Mejor dicho, al de Dempsey.

Tampoco era un genio;
se reía siempre, eso sí;
le gustaban los árboles;
acariciaba al pasar
a los niños.

Yo le hubiera regalado
un arco
para que volteara estrellas...
Pero tuve miedo
que alguna
te cayera en la cabeza, lector:
¡son tan grandes!

Anoche mismo se fue;
tomó un vapor
que medía una cuadra:
demasiado grande para él;
no es un gigante.

Ahora lo veo pequeño al buque,
muy pequeño;
me parece solamente
una lanzadera
de máquina de coser
temblando en el filo
de una montaña movible.

Señor camarero,
señor camarero del vapor:
hágale una gran reverencia
cuando lo vea pasar;
estírele bien las sábanas de la cama,
despiértelo con suavidad.

Señorita viajera:
usted, la más hermosa del barco:
mírelo a los ojos con ternura;
dígale con ellos cualquier cosa:
—Me casaría con usted ahora mismo.
O si no: —Vamos a tomar
juntos el té.

Y usted, señor Río,
no sea imprudente;
pórtese como un caballero

con un hombre que sueña;
un hombre que sueña
necesita cunas,
aun cuando sean de agua.

No he visto nunca
en el Río de la Plata
peces voladores.
Si hay alguno, que no vuele:
no le gustan los peces,
y menos si tienen alas.

Mañana llegará a un puerto,
junto al muelle se parará el vapor:
¡oh señor Buque, oh estuche
en que mi pequeño amor
hace de diamante:
no trepide mucho al atracar,
¡no dé brincos!

Él bajará la escalerilla
cantando un foxtrot.
Siempre canta un foxtrot.

Llevará un traje gris
y un sobretodo azul marino.
No se los manche, usted, por Dios,
señor Buque:
mi amor es pobre…

Luna de marzo sobre el mar

Pequeña,
recién nacido polluelo,
tibia de vellón dorado,
no, no corras.

De tu pequeñez amarilla,
desteñida sobre el mar,
se alegra la carne
azul del cielo.

Te lastimas, marchando
detrás de una estrella,
entre bosques de nubes albas
y no miras mi cuerpo
parado sobre un buque
negro,
que busca
la raya negra de la tierra.

Me cabrías en las manos,
luminoso polluelo;
en las manos
ya muertas
para las caricias humanas.

Sólo para ti
mis dedos se abrirían,
suaves,
sobre tu vellón tibio,
luna amarilla...

¡No, no corras!
Sarmiento es mi cuerpo,
pardo y seco,
clavado en la fría
flor del mar
cuyo fondo de hielo
esmeralda,
desea.

No, no corras...
Sobre mi corazón
podrías bailar
tu última danza
y apagarte conmigo,
luna de marzo...

Yo en el fondo del mar

En el fondo del mar
hay una casa
de cristal.

A una avenida
de madréporas,
da.

Un gran pez de oro,
a las cinco,
me viene a saludar.

Me trae
un rojo ramo
de flores de coral.

Duermo en una cama
un poco más azul
que el mar.

Un pulpo
me hace guiños
a través del cristal.

En el bosque verde
que me circunda
—din don... din dan—
balancean y cantan
las sirenas
de nácar verdemar.

Y sobre mi cabeza
arden, en el crepúsculo,
las erizadas puntas del mar.

Alta mar

Fantasma negro,
cabeceando en el azul de la noche,
cruz del palo mayor:
vigila.

Tiburones escoltan
el buque
y asoman sus cabezas:
¡llama!

Está solo el cielo,
está solo el mar,
está solo el hombre...
Cruz del palo mayor:
¡grita!

Nácar marino

Columnas de plata sostienen el cielo;
varas de jacinto se levantan del mar;
trepan a la bóveda
guirnaldas de flores de sal.

Escamas de sirenas de nácar
envuelven las serpientes
espejeantes del mar.

Detrás del firmamento
rueda su bola fría
un sol blanco de cristal.

Su luz esmerilada
llama a todos los peces del mar.

Verticales,
asomando las bocas rosadas,
todos los peces están.

Vientos marinos

Mi corazón era una flor,
de espuma;
un pétalo de nieve,
otro de sal;
viento marino lo tomó
y lo puso
sobre ruda mano
encallecida a mar.
Tan fino encaje
sobre mano ruda
¿cómo podía anclar?
Golpe de viento
lo llevó de nuevo;
lo llevó a tumbos
por la inmensidad.
Rodando aún está.
Se enreda a las cadenas
que golpean los flancos
de los buques... ¡ay!...

Una vez en el mar

Piel azul que recubres las espaldas del mundo,
y atas pies con cabeza de la endiablada esfera;
huidiza y multiforme culebra mudadera,
puñal alguno puede clavársete profundo.

Esponja borradora tu fofa carne helada,
la proa que te corta no logra escribir paso,
ni a hierro marca el pozo cuando horada tu vaso,
el redondel de fuego de la estrella incendiada.

A tu influjo terrible, mi más terrible vida,
llovió sobre tus brazos su lluvia estremecida;
te lloró en pleno rostro sus lágrimas y quejas.

Si te quemó las olas no abrió huella el torrente:
fofa carne esmeralda, te alisaste la frente,
destrenzaste al olvido tus azules guedejas.

Canción de la mujer astuta

Cada rítmica luna que pasa soy llamada,
por los números graves de Dios, a dar mi vida
en otra vida, mezcla de tinta azul teñida,
la misma extraña mezcla con que he sido amasada.

Y a través de mi carne, miserable y cansada,
filtra un cálido viento de tierra prometida,
y bebe, dulce aroma, mi nariz dilatada
a la selva exultante y a la rama nutrida.

Un engañoso canto de sirena me cantas,
¡naturaleza astuta! Me atraes y me encantas
para cargarme luego de alguna humana fruta...

Engaño por engaño: mi belleza se esquiva
al llamado solemne; y de esta fiebre viva,
algún amor estéril y de paso, disfruta.

Razones y paisajes de amor

I

Amor:

Baja del cielo la endiablada punta
con que carne mortal hieres y engañas.
Untada viene de divinas mañas
y cielo y tierra su veneno junta.

La sangre de hombre que en la herida apunta
florece en selvas: sus crecidas cañas
de sombras de oro, hienden las entrañas
del cielo prieto y su ascender pregunta.

Aguardando en la noche la respuesta
las cañas doblan la empinada testa.
Flamea el cielo sus azules gasas.

Vientos negros, detrás de los cristales
de las estrellas, mueven grandes masas
de mundos muertos, por sus arrabales.

II

Obra de amor:

Rosas y lirios ves en el espino;
juegas a ser; te cabe en una mano,
esmeralda pequeña, el océano;
hablas sin lengua, enredas el destino.

Plantas la testa en el azul divino
y antípodas, tus pies, en el lejano
revés del mundo; y te haces soberano,
y desatas al sol de su camino.

Miras el horizonte y tu mirada
hace nacer en noche la alborada;
sueñas, y crean hueso tus ficciones.

Muda la mano que te alzaba en vuelo,
y a tus pies cae, cristal roto, el cielo,
y polvo y sombra levan sus telones.

III

Paisaje del amor muerto:

Ya te hundes, sol; mis aguas se coloran
de llamaradas por morir; ya cae
mi corazón desenhebrado, y trae,
la noche, filos que en el viento lloran.

Ya en opacas orillas se avizoran
manadas negras; ya mi lengua atrae
betún de muerte; y ya no se distrae
de mí, la espina; y sombras me devoran.

Pellejo muerto, el sol, se tumba al cabo.
Como un perro girando sobre el rabo,
la tierra se echa a descansar, cansada.

Mano huesosa apaga los luceros:
chirrían, pedregosos sus senderos,
con la pupila negra y descarnada.

MASCARILLA Y TRÉBOL

A Eros

He aquí que te cacé por el pescuezo
a la orilla del mar, mientras movías
las flechas de tu aljaba para herirme
y vi en el suelo tu floreal corona.

Como a un muñeco destripé tu vientre
y examiné sus ruedas engañosas
y muy envuelta en sus poleas de oro
hallé una trampa que decía: sexo.

Sobre la playa, ya un guiñapo triste,
te mostré al sol, buscón de tus hazañas,
ante un corro asustado de sirenas.

Iba subiendo por la cuesta albina
tu madrina de engaños, Doña Luna,
y te arrojé a la boca de las olas.

Sol de América

Cerrada está mi alcoba y yo viajando
por las playas del sueño donde pesco
antiguos mitos y alza una madrépora
su alma futura que escribirá libros.

(El hombre, la cabeza desmedida,
salta en los pararrayos pero añora
su limo blando donde el alma holgada
dejaba hacer al animal primero).

Por su canal estrecho la mirilla
dejó filtrar minúscula una mano
del sol ardiente que sacude el sueño.

Crecido está de luces por su llama
mi cuarto oscuro y golpeando afuera
en su cristal de fuego el Nuevo Mundo.

El mirasol

Le vi en un sueño antes de aquí, golpeando
su cara roma en el perfil del viento,
en una procesión de unos gigantes,
en carnaval de plantas trasnochadas.

Venía a ritmo de oso, mofletudo,
un paso atrás, el otro hacia adelante,
y el delgaducho vientre le reía
de soportar un sol sin sus farolas.

Pasó a mi lado entre pomposas lanzas
cayendo al golpe del libado vino
e inhábil para alzarse en frase alguna.

Lo encuentro aquí contándole a las berzas
su aventura burguesa de mi sueño
y fofo adulador del astro de oro.

Ruego a Prometeo

Agrándame tu roca, Prometeo;
entrégala al dentado de la muela
que tritura los astros de la noche
y hazme rodar en ella, encadenada.

Vuelve a encender las furias vengadoras
de Zeus y dame látigo de rayos
contra la boca rota, mas guardando
su ramo de verdad entre los dientes.

Cubre el rostro de Zeus con las gorgonas;
a sus perros azuza y los hocicos
eriza en sus sombríos hipogeos:

he aquí a mi cuerpo como un joven potro
piafante y con la espuma reventada
salpicando las barbas del Olimpo.

Tiempo de esterilidad

A la Mujer los números miraron
y dejáronle un cofre en su regazo:
y vio salir de aquél un río rojo
que daba vuelta en espiral al mundo.

Extraños signos, casi indescifrables,
sombreaban sus riberas, y la luna
siniestramente dibujada en ellos,
ordenaba los tiempos de marea.

Por sus crecidas Ella fue creadora
y los números fríos velados
en tibias caras de espantados ojos.

Un día de su seno huyóse el río
y su isla verde florecida de hombres
quedó desierta y vio crecer el viento.

Regreso a la cordura

Tú me habías roto el sol: de los dentados
engranajes de las constelaciones
colgaba en trozos a tocar el árbol,
casa de luz jugando a arder la tierra.

Alzaste el mar estriado de corales
y en una canastilla de heliotropos
aquí en mi falda lo dejaste al dulce
balanceo acunante de mi pecho.

Al regresar, ya de tu amor cortada,
me senté al borde de la Sombra y sola
lo estoy juntando al sol con gran cordura.

Ya se fija en su sitio; ya se caen
las olas de mi falda y avisado
reajusta al mar sañudo su rebaño.

Regreso a mis pájaros

Ya no escuché vuestro frugal concierto,
mis pájaros: que vi almenada en oro
una ciudad de espejos y en sus faros
banderas, más que manos, llamadoras.

Y en su empinada ronda grandes voces
de acústica pompal; y acerqué el dedo
y cayó la ciudad empapelada
y el aire escribió lívido: miseria.

Ya estoy de nuevo en vuestros pechos, sola,
y no es mejor que el vuestro, amado vuelo.
el orbital talante de la estrella.

Ya os escucho de nuevo, desasida,
y tú el pequeño mío, cómo cantas
en mi balcón: «¿Por qué me abandonaste?».

Palabras manidas a la luna

Quiero mirarte una vez más, nacida
del aire azul, con gotas de rocío
pendientes sobre el mundo, aligerada
de la angustia mortal y su miseria.

Sobre el azogue, más azul, del río,
diciendo «llora», amé, tan transparente
que no hay palabras para aprisionarte,
nácar y nieve sueños de ti misma.

Baja: mi corazón te está pidiendo.
Podrido está; lo entrego a tus cuidados.
Pasa tus dedos blancos suavemente

sobre él; quiero dormir, pero en tus linos,
lejano el odio y apagado el miedo;
confesado y humilde y destronado.

Ultrateléfono

¿Con Horacio? —Ya sé que en la vejiga
tienes ahora un nido de palomas
y tu motocicleta de cristales
vuela sin hacer ruido por el cielo.

—¿Papá? —He soñado que tu damajuana
está crecida como el Tupungato;
aún contiene tu cólera y mis versos.
Echa una gota. Gracias. Ya estoy buena.

Iré a veros muy pronto; recibidme
con aquel sapo que maté en la quinta
de San Juan ¡pobre sapo! y a pedradas.

Miraba como buey y mis dos primos
lo remataron; luego con sartenes
funeral tuvo; y rosas lo seguían.

OBRA PÓSTUMA O NO PUBLICADA EN LIBRO

Los malos hombres

Amigas: defendedme,
me han hecho un grave daño,
en una mala noche
fieltro malo me han dado...
Sabed, amigas rubias,
las de los dulces labios,
sabed, amigas rubias,
que por la vida andando
unos hombres —tres eran—
me salieron al paso.
Oh, amigas, defendedme,
que perezco de espanto...

Eran aquellos hombres
lúgubremente largos...
Secos como esqueletos,
blancos como mis manos.
La nariz, de cortante,
pudiera dar un tajo.
Los ojos se escondían
felinos, bajo el párpado,

y eran finas, muy finas,
finísimas sus manos.

Oh, amigas, en silencio
aquéllas me apresaron:
seis tenazas heladas
me tendieron un lazo
contuvieron mi llanto,
seis cadenas humanas
me domaron los brazos.

Amigas, esos hombres
los ojos me vendaron.

Las flores que llevaba
las tiraron al barro.

Un alfiler al rojo
pecho adentro me hincaron.

Ungiéronme los labios
con aceites amargos.

Con abrojos y zarzas
mis dedos maniataron.

Me dijeron que yo
soy un pobre guijarro.
Me dijeron que Dios
no es ni bueno ni malo,
pero que aquél no es nada
y yo, en cambio, soy algo.

Obra póstuma o no publicada en libro

Después… después… crueles
rieron de cansancio.
Después… después… crueles

riendo se alejaron.
Y yo quedé vencida
sobre el camino largo.

Amigas, desde entonces
tengo el cuerpo embrujado.
Amigas, desde entonces
resiste grave el daño.

Amigas, desde entonces
me persigue el espanto.

. . . .

Nunca salgáis de noche,
las de los dulces labios.
Nunca salgáis de noche,
ni con cielo estrellado.

Los hombres andan sueltos,
como perros sin amo.

… Y eran tres hombres secos,
lúgubremente largos.

Dios me Salvará

Tú lo sabes bien
que nunca será.
¿Por culpa de quién?
Tú lo sabes bien
que nunca será.
Llegué a tus senderos;
vi sepultureros
en tu corazón
llegué a tus senderos;
cesó mi canción.

Yo cantaba aquella
canción a la estrella
nacida en el alba.
Yo cantaba aquella
melodía bella
de la aurora malva.

Débil como un lirio,
fina como un cirio,
blanca como un nardo.
Mi alma pudiera
morir en la austera
tristeza del cardo.

¿Fue acaso por eso?
¿Fue torpe tu beso?
¿Fue mala la espina
que habla en tu boca
sapiente y cansina?
¡Ay, la mala espina
que había en tu boca!

Si fui como tul
quemando en la llama candente y azul.

Si fui como flor
que el martillo deja sin forma ni olor.

Si fui como miel
que el acíbar pone con sabor de hiel.

¡Qué sabiduría
tan amarga había!

¡Qué sabiduría!
Tu boca era triste: todo lo sabía…

No… no pudo ser
y nunca será.

Si te vuelvo a ver
Dios me salvará…

Exaltación

Dioses, tomad aquesta lengua mía;
quemada a fuego lento; alguna tarde,
envilecida, en alabanza dulce
cantó a la muerte.

Cantó a la muerte del ciprés sombrío
que allá en lejanos campos, en hilera
mortal y larga, con agudo lloro
se entrega al viento.

Cantó a la muerte que modela en cera
las manos delicadas, y los ojos
opacos vuelve, y la rosada boca
la pone muda.

¡Oh, dioses! ¿Cómo pudo aquesta lengua
dar la frase servil, reverenciosa,
para el silencio eterno que nos pone
los ojos ciegos?

¿No veían mis ojos cómo es dulce
este cielo azulado con sus mundos
que salen por las noches a decirnos:
También soñamos…?

¿No veían mis ojos cómo extiende
su cauce el río hasta la mar lejana
que lo recibe murmurando a solas:
Todo se mueve?

¿No veían mis ojos cómo toca
el sol todos los días a la tierra
y le dice: Pequeña, tu buen padre
te viste de oro?

¿Y no veía ya la forma humana
divina; el muslo tenso, la caída
de los hombres helenos, la cabeza
viril y pensadora?

¿Y no escuchaba la palabra, oh, dioses,
la palabra del hombre: maravilla,
milagro de milagro, miel del alma
azul y transparente?

¡Oh, desfilad, donceles! ¡Lejos quede
la blanca muerte! ¡Desfilad altivos,
los cabellos al viento, la mirada
chispeante y bella!

Cuaje en rosados frutos toda la planta;
dé perfumes la tierra, bañe el agua
el pie de los encinos; las palomas
blancas revuelen.

¡Desfilad! Quiero veros... el más bello
ha de ser para mí... ¡Ya está mi mano

tendida a la visión! ¡Detén el paso,
oh, tú, el más alto…!

Una vez por los siglos, yo, la fémina,
la seducida, seducirte quiero…

No danzaré ante ti, ni en la mirada
pondré acechanza.

Ya sé el secreto enorme: ¡la palabra!
Yo te hablaré al oído (la conquista
de la palabra mía cuesta siglos
de vencidas mujeres).

Abeja quiero ser, grande es la tierra,
extensos los jardines, no se acaban
las primaveras; van unas tras otras
en rueda eterna.

Y desfilad también, oh, maravillas
distintos de la vida: sentimientos,
pasiones, odios, sacrificios, grandes,
hondas dulzuras.

Tú, la enemiga mía, dame ahora
el cuello blando y perfumado: quiero
ver cómo salta allí la sangre viva,
bajo mis dientes.

¿Qué será de tus ojos en mis ojos,
tu alma hundida en mi alma, tu yo mismo
mezclado al mío, en el abrazo estrecho
del odio enorme?

Y tú, pequeño ser bello y rosado
sobre mi pecho queda; dulcemente
yo cogeré de ti la blanca espuma
de la inocencia.

Y tú, el anciano de nevada barba,
hazme un lugar a tu costado; dime
cómo eran las mujeres que cocían
panes al horno.

Y vosotras, amigas, las más bellas,
rodeadme, decid versos, vuestra gracia
revolotee en torno mío mientras
se azula el cielo.

Y tú, ilusión, la del celeste traje,
ponme a cada momento vendas nuevas;
no te apartes de mí... sigue mis pasos,
vigila mi alma.

Y vosotros, artistas, dadme el mármol
que en una sola línea se prolonga,
cálido aún del pensamiento humano
que le dio vida.

Y vosotras, gargantas, la armonía
muelle del canto desatad, que el cuerpo,
perdiendo peso, se suspende arriba
como las nubes.

Y vosotros, oh, soplos escondidos,
espíritus dispersos en los aires,

fuerzas desconocidas e intangibles,
¡tocadme ahora!

Pues tú, demiurgo o dios, no te sustraigas
a mi potencia humana; también quiero
saber qué es eso que los hombres llaman
la fe divina.

Y tú, movible viento, mi palabra
transporta y multiplica; ¡llena el mundo
de mi fluido vital…! Sé mensajero
de ignorado destino.

Mi alma es una espiral indefinida;
ensancha siempre el círculo; ya toca
los puntos todos… dilatada, enorme,
no acaba nunca.

En el espacio se diluye entera
a modo de la sal dentro del agua
que la satura, sin dejar un punto
invulnerado.

¿Cómo podarla de su humano centro,
de su centro; los ojos con que mira,
los labios con que habla, todo el cuerpo
miserando y sublime?

¿Qué importa todo sin el hombre, dioses?
¿Qué sería del alma, la divina,
sin el vaso bestial que a los humanos
obliga a conocerla?

No me abandones, vida, que yo quiero
mirar mejor mi alma, comprenderla;
si mañana se vuela con la muerte,
nada sabré de mí...

¡Cuánta belleza se me entrega humilde!
Desde aquí veo el campo, van corriendo
criaturas dulces, las rosadas piernas
esculturales.

Tallan el cielo los agudos montes...
Detrás el mundo se dilata... dicen,
al pie de aquellos los floridos bosques:
Ama y sonríe.

Lejos, sobre los campos, los cipreses
en hilera sombría, bajo el viento,
gimen pesadamente... Blanco mármol.
Los acompaña.

Duerme el que abajo está; sobre su boca
la tierra negra se amontona; cantan
los pájaros vecinos, mas no escucha
nada el que duerme.

Dorado el sol sobre la piedra cae;
traspasa su calor la blanca losa,
¡pero en helado páramo ya nada
siente el que duerme!

Una pareja al lado suyo pasa,
transporta el viento el beso hurtado, pero,
mísera podré en el silencio, nada
siente el que duerme.

La Divina Comedia

Cuando tenía apenas once años,
en mañana de invierno,
iba hacia el taller, donde empezaba
a ganar mi sustento.
Y, como algún mendigo de residuos,
mendigo yo del pensamiento,
encontré en un cajón, ya carcomido,
un libro viejo.
Pobre Dante: era tuyo, la Divina
Comedia; era tu Infierno,
y por las calles, yo, la miserable,
fui con el sucio libro sobre el pecho.
Era la hora en que las otras niñas
entraban al colegio
con sus trajes azules, con sus libros
limpios y nuevos.

De noche, Padre Dante, cuando todo
era en casa silencio,
sacaba yo tu libro a escondidas
lo leía con miedo.

Yo no entendía nada, nada, nada...
Leía como hambriento

que tiene un hambre vieja y no distingue
ya ni los alimentos.
Una noche dormida en mi lectura,
se cayó el libro al suelo,
y con la vela, que encendida estaba
se prendió fuego.

Pobre Dante: es verdad que es muy terrible
aquél tu Infierno,
¡pero el que yo he vivido esos días
no está en tu cuento!

Para Amado Nervo

Ya que tenéis, poeta, el alma fina
como un cristal.
Y floración habéis, sin una espina
vuestro rosal.

Ya que habéis dicho las palabras bellas
en dulce son,
y conocéis, piadoso, a las estrellas,
el corazón.

Ya que tenéis el pecho como tierno,
blanco panal,
y adoráis el crepúsculo de invierno
espiritual.

Tomad en vuestras manos generosas
esto que os doy,
saludo aédas... un montón de rosas...
pues nada soy.

Mas ¿quién podría, justo, la sentencia
decir a nos?
Hombre y palabra saben de su ausencia,
eso es de Dios.

¡Oh, poesía! Oh, bien, que nos congregas
en torno a ti.
Urdimbre de oro, las abejas griegas
faltan aquí.

Ellas que buscan la escondida veta,
vuelo en tensión,
ellas conocieron del poeta
el corazón.

Zumbando en torno a su cabeza egregia,
como en piedad,
rumor darían que Dios mismo arpegia
de eternidad.

A Norah Lange
(que escribirá un libro: El rumbo de la rosa)

¿Dónde anclará tu «Rosa»
Norah?

La echaste a vagar
por los canales verdes
del alma;
sobre olas de silencio;

en las tardes
redondas, de perfumes porteños:
más allá de la esfera
de ti misma.

A veces se balanceaba
sobre el cero de una laguna
en éxtasis de paz.

O se alargaba como gusano
para resbalar por entre
los estrechos
de la angustia.
O se clavaba
en lo alto

de una peña:
pájaro de fuego

no era siempre
una rosa...

Ya trepaba
por las chimeneas
negras de la ciudad,
rata pintora,
atisbando paisajes.

O era cazadora
de cabezas de niños,
flores de pies huyentes...

O se ponía dos alas
de papel:
carta triste,
aeroplano diminuto
cortando nieblas...

Podía doler
como raíz
de árbol anciano.

O era moledora
de corazón harinoso,
blanco de sal desmigajable,
rezumador de pétalos.
acromos.

Sabía reducir el mundo
hasta cuadricularlo
en una ventana.
Doble mandíbula de 24 horas,
un labio matinal,
otro nocturno
apresaba un consejo
que era soledad.

Y llamaba a los pájaros
del silencio
para que empollaran
en tu boca
el beso que no hiere.

¡Rumbo de la Rosa,
que navega agua de libro
sin límite posible…!

¿Qué nueva Atlántida
te cazará
en tan vasto
océano?

A Horacio Quiroga

Morir como tú, Horacio, en tus cabales,
y así como en tus cuentos, no está mal;
un rayo a tiempo y se acabó la feria...
Allá dirán.

No se vive en la selva impunemente,
ni cara al Paraná.
Bien por tu mano firme, gran Horacio...
Allá dirán.

«Nos hiere cada hora —queda escrito—
nos mata la final».
Unos minutos menos... ¿quién te acusa?
Allá dirán.

Más pudre el miedo, Horacio, que la muerte
que a las espaldas va.
Bebiste bien, que luego sonreías...
Allá dirán.

Sé que la mano obrera te estrecharon,
mas no, si, Alguno, o simplemente Pan,
que no es de fuertes renegar de su obra...
(Más que tú mismo es fuerte quien dirá).

A una mujer que haga versos

Nacerás una tibia noche de primavera,
y serás perezosa. Y amarás los manjares
delicados, las sedas, los coquetos lunares,
y serás más que todas, delicada y ligera.

Y tendrás en los ojos una pura esmeralda
continuamente ardida, y buscarás un pecho
de hombre bueno. Y el hombre, señalándote un lecho,
la conductora mano pondrá sobre tu espalda.

Y pedirás un carro de purpuradas rosas,
coronado de dulces abejas rumorosas
para tirar, cantando, con un ala muy fina…

Y unciéndote al arado, el grito del arriero,
(disimulado acaso en un cuerpo ligero:
amigo, hermano, oyente) te gritará: ¡Camina!

Escribo...

Escribo a los treinta años este libro diverso
con sangre de mis venas, según la frase vieja.
¿Para qué? No investigo. Mi mano se aconseja,
acaso, de un deseo destructor y perverso:

el de hundir cada instante, en el pomo-universo
de mi alma y carne, la espuela de la abeja,
para urgirla a que suelte, briosamente, su queja,
y ceñirla en el aro goloso de mi verso.

Ved mi bella persona distendida en la tabla.
Cuando exhausta, agotada, ni se mueve, ni habla,
pues cedió ya mi pecho cuanto zumo tenía;

con amor, que es encono, brutalmente la animo,
la acicato, la hiero, la violento, la exprimo,
para que dé, el ronquido final de la agonía.

Coplas del agua dilatada

Cuando dentro de las rocas
se hiela el agua,
a pesar de ser roca
la roca estalla.

Orden que no comprendo
se ha dado al agua,
fuerza de partir rocas
y abrir montañas.

A veces, como el agua
que se dilata,
una fuerza terrible
mandóme amara...

No soy ni piedra
ni soy montaña.
Una mujer tan sólo;
¿qué quieres que haga?

Rosa en las piedras

Para que pongas
tu epitafio
sobre mi tumba
falta un poco
de tiempo.

Hacia ella
camino,
pero no cargada
de llanto;
en cada piedra
pinto una
rosa.

¡Tu ala de
murciélago
quiso avivarme
el destino!...

Soledad

Señora soledad que tu esqueleto
creí de grises vértebras un día
aníllame con fuerza entre tus arcos
que no quiero de ti partirme ahora.

Que al acercarme vi que en flor abría
tu aparente esqueleto calcinado,
y en tus vértebras limos creadores;
y eran tus cuencas de un azul de llama.

Holgada estoy: tu cielo no me nieva;
deja caer en claros remolinos
unos trenzados de cristales rosas.

Y nuevamente con sus voces altas,
entre tus finas nieblas escondidos,
oigo cantar mis pájaros de fuego.

Letras

Crece
un bosque
misterioso
de troncos.
Por cada uno
de sus caminos
avanza
ya Edipo,
ya Horacio,
ya Santa Juana.

Voy a dormir*

Dientes de flores, cofia de rocío,
manos de hierbas, tú, nodriza fina,
tenme prestas las sábanas terrosas
y el edredón de musgos encardados.

Voy a dormir, nodriza mía, acuéstame.
Ponme una lámpara a la cabecera;
una constelación; la que te guste;
todas son buenas; bájala un poquito.

Déjame sola: oyes romper los brotes...
te acuna un pie celeste desde arriba
y un pájaro te traza unos compases

para que olvides... Gracias. Ah, un encargo:
si él llama nuevamente por teléfono
le dices que no insista, que he salido...

---

* Enviado al periódico *La Nación* pocas horas antes de su muerte. (*N. de la E.*)

PROSA

Poemas de amor
(1926)

Estos poemas son simples frases de estados de amor escritos en pocos días hace ya algún tiempo.
    No es pues tan pequeño volumen obra literaria ni lo pretende.
    Apenas si se atreve a ser una de las tantas lágrimas caídas de los ojos humanos.

I

Acababa noviembre cuando te encontré. El cielo estaba azul y los árboles muy verdes. Yo había dormitado largamente, cansada de esperarte, creyendo que no llegarías jamás.
    Decía a todos: mirad mi pecho, ¿veis?, mi corazón está lívido, muerto, rígido. Y hoy, digo: mirad mi pecho: mi corazón está rojo, jugoso, maravillado.

II

¿Quién es el que amo? No lo sabréis jamás. Me miraréis a los ojos para descubrirlo y no veréis más que el fulgor del éxtasis.

Yo lo encerraré para que nunca imaginéis quién es dentro de mi corazón, y lo mereceré allí, silenciosamente, hora a hora, día a día, año a año. Os daré mis cantos, pero no os daré su nombre,

Él vive en mí como un muerto en su sepulcro, todo mío, lejos de la curiosidad, de la indiferencia y la maldad.

III

Esta madrugada, mientras reposaba, has pasado por mi casa. Con el paso lento y el aliento corto, para no despertarme, te deslizaste a la vera de mi balcón.

Yo dormía, pero te vi en sueños pasar silencioso: estabas muy pálido y tus ojos me miraban tristemente, como la última vez que te vi.

Cuando desperté nubes blancas corrían detrás de ti para alcanzarte.

IV

Enemigos míos, si existís, he aquí mi corazón entregado. Venid a herirme.

Me encontraréis humilde y agradecida: besaré vuestros dedos; acariciaré los ojos que me miraron con odio; diré las palabras más dulces que jamás hayáis oído.

V

En este crepúsculo de primavera yo volaría, sí, yo volaría.

Si no fuera que el corazón henchido, cargado, dolorido, enorme, llena mi pecho, dificulta mis movimientos, entorpece mi cuerpo y me mantiene adherida a la tierra donde tú vives, ¡oh mío!

VI

Por sobre todas las cosas amo tu alma. A través del velo de tu carne la veo brillar en la oscuridad: me envuelve, me transforma, me satura, me hechiza.

Entonces hablo para sentir que existo, porque si no hablara mi lengua se paralizaría, mi corazón dejaría de latir, toda yo me secaría deslumbrada.

VII

Cada vez que te dejo retengo en mis ojos el resplandor de tu última mirada.

Y, entonces, corro a encerrarme, apago las luces, evito todo ruido para que nada me robe un átomo de la sustancia etérea de tu mirada, su infinita dulzura, su límpida timidez, su fino arrobamiento.

Toda la noche, con la yema rosada de los dedos, acaricio los ojos que te miraron.

VIII

¡Palidez de tu cara desangrada!
¡Zumo de nomeolvides atravesando entre napa y napa de la piel!
Cuando aposenté la rosa muerta de mi boca fui, sobre aquella pureza, más ligera que la sombra de la sombra...

IX

Te amo profundamente y no quiero besarte.
Me basta con verte cerca, perseguir las curvas que al moverse trazan tus manos, adormecerme en las transparencias de tus ojos, escuchar tu voz, verte caminar, recoger tus frases.

X

Cuando recibí tus primeras palabras de amor, había en mi cuarto mucha claridad.
Me precipité sobre las puertas y las cerré.
Yo era sagrada, sagrada. Nada, nadie, ni la luz, debía tocarme.

XI

Estoy en ti.
Me llevas y me gastas.
En cuanto miras, en cuanto tocas, vas dejando algo de mí, porque yo me siento morir como una vena que se desangra.

XII

He pasado la tarde soñándote.

Levanto los ojos y miro las paredes que me rodean, como adormilada.

Los fijo en cualquier punto y vuelven a transcurrir las horas sin que me mueva.

Por fuera anda gente, suenan voces... Pero todo eso me parece distante, apartado de mí, como si ocurriera fuera del mundo que habito.

XIII

Tañido de campanas, grosero tañido de campanas: herís mi alma y asustáis en esta hora mis finos pensamientos de amor.

XIV

Estás circulando por mis venas.

Yo te siento deslizar pausadamente.

Apoyo los dedos en las arterias de las sienes, del cuello, de los puños, para palparte.

XV

Pongo las manos sobre mi corazón y siento que late desesperado.

—¿Qué quieres tú? —Y me contesta—: Romper tu pecho, echar alas, agujerear las paredes, atravesar las casas, volar, loco, a través de la ciudad, encontrarle, ahuecar su pecho y juntarme al suyo.

XVI

Te hablé también alguna vez, en mis cartas, de mi mano desprendida de mi cuerpo y volando en la noche a través de la ciudad para hallarte.

Si estabas cenando en tu casa, ¿no reparaste en la gran mariposa que, insistente, te circula ante la mirada tranquila de tus familiares?

XVII

¿Oyes tú la vehemencia de mis palabras?
Esto es cuando estoy lejos de él, un poco libertada.
Pero a su lado ni hablo, ni me muevo, ni pienso, ni acaricio.
No hago más que morir.

XVIII

Tú el que pasas, tú dijiste: esa no sabe amar.
Eras tú el que no sabías despertar mi amor.
Amo mejor que los que mejor amaron.

XIX

Amo y siento deseos de hacer algo extraordinario.
No sé lo que es.
Pero es un deseo incontenible de hacer algo extraordinario.
¿Para qué amo, me pregunto, si no es para hacer algo grande, nuevo, desconocido?

XX

Venid a verme. Mis ojos relampaguean y mi cara se ha transfigurado.
Si me miráis muy fijo os tatuaré en los ojos su rostro que llevo en los míos.
Lo llevaréis estampado allí hasta que mi amor se seque y el encanto se rompa.

XXI

Cuando miro el rostro de otros hombres sostengo su mirada porque, al cabo de un momento, sus ojos se esfuman y en el fondo de aquéllos, muy lentamente, comienzan a dibujarse y aparecer los tuyos, dulces, calmos, profundos.

XXII

Me he encerrado en mi cuarto después de verlo.
El techo, solamente el techo, me separa de las estrellas.

¡Oh, si pudiera con la sola fuerza de mis ojos, apoyar mis miradas contra aquél y hacerlo saltar de su sitio!

Tendida sobre mi lecho, en el silencio de este mi cubículo, vería, como desde el cajón de un muerto, la estrella que hace un instante miramos juntos.

XXIII

Miro el rostro de las demás mujeres con orgullo y el de los demás hombres con indiferencia.

Me alejo de ellos acariciando mi sueño.

En mi sueño tus ojos danzan lánguidamente al compás de una embriagadora música de primavera.

XXIV

Escribo estas líneas como un médium, bajo el dictado de seres misteriosos que me revelaran los pensamientos.

No tengo tiempo de razonarlos.

Se atropellan y bajan a mi mano a grandes saltos.

Tiemblo y tengo miedo.

XXV

Es medianoche. Yo estoy separada de ti por la ciudad: espesas masas negras, ringlas de casas, bosque de palabras perdidas pero aún vibrando, nubes invisibles de cuerpos microscópicos.

Pero proyecto mi alma fuera de mí y te alcanzo, te toco.

Tú estás despierto y te estremeces al oírme. Y cuando está cerca de ti se estremece contigo.

XXVI

Si el silencio invade mi cuarto y nada se oye mi pensamiento se clava en ti.

Entonces sufro como alucinaciones.

Pienso que, de improviso, las puertas de mi cuarto se abrirán solas y sobre el umbral aparecerás tú.

Pero no como eres, sino de una vibrátil sustancia luminosa.

XXVII

Vivo como rodeada de un halo de luz.

Este halo parece un fluido divino a través del cual todo adquiere nuevo color y sonido.

XXVIII

Parece por momentos que mi cuarto estuviera poblado de espíritus, pues en la oscuridad oigo suspiros misteriosos y alientos distintos que cambian de posición a cada instante.

¿Los has mandado tú?

¿Eres tú mismo que te multiplicas invisible a mi alrededor?

XXIX

¡Amo! ¡Amo!...
Quiero correr sobre la tierra y de una sola carrera dar vuelta alrededor de ella y volver al punto de partida.
No estoy loca, pero lo parezco.
Mi locura es divina y contagia.
Apártate.

XXX

Un viento helado y agudo me ha envuelto hace un momento como para robarme algo.

¿Sabe, acaso, que estoy saturada de amor, e intenta él, olvido eterno, cargarse de mi constancia y entibiarse con mi ternura?

Pero, yo le he dicho: ¿no te basta con todo lo que arrastras, vagabundo?

Todo mi amor es poco para mí; no te doy nada.

XXXI

Rosa, divina rosa que te balanceas al viento, aún salpicada de la menuda lluvia nocturna. Eres feliz en tu palidez, sobre la frescura jugosa de tu tallo, bajo el dulce cielo de diciembre. Pero no tanto como yo. Tú no puedes mirarlo y yo sí. Si sus manos posaran en tu carnadura, no las reconocerías, como yo, por su simple tacto. Si oyeras cerca de ti el latido de su corazón, no sabrías que es el suyo, como yo, por su solo golpe.

XXXII

Oye: yo era como un mar dormido.
Me despertaste y la tempestad ha estallado.
Sacudo mis olas, hundo mis buques, subo al cielo y castigo estrellas, me avergüenzo y me escondo entre mis pliegues, enloquezco y mato mis peces.
No me mires con miedo.
Tú lo has querido.

XXXIII

Te amo porque no te pareces a nadie,
Porque eres orgulloso como yo.
Y porque antes de amarme me ofendiste.

XXXIV

He bajado al jardín con la primera luz de la mañana.
La fina humedad del rocío refresca mis plantas, y los párpados se distienden bajo la dulzura del aire primaveral. Veo los rosales en flor, la nevada enredadera, la negra raya movediza de las hormigas y el limonero cargado de frutos de oro.
Pero pienso: ¡por fuera tenéis oro y por dentro sois ácidos! El corazón de él no es así: es dulce y bello por dentro y por fuera.

XXXV

En la casa silenciosa, de patios calmos, frescos y largos corredores, solamente yo velo a la hora de la siesta.
Quema el sol sobre los mármoles.
La blanca y familiar perrita apoya sus patas delanteras sobre mis rodillas y me mira de un modo extraño.
Yo le pregunto: ¿también sabes tú que lo amo?

XXXVI

Susurro, lento susurro de hojas de mi patio al atardecer.
¿Por qué me enloquecéis susurrándome su nombre?
Él no vendrá hoy.
Piensa en mí, pero no vendrá hoy.

XXXVII

En una columna me apoyo, y te sueño.
Mi mejilla, en contacto con el frío mármol hiela mi corazón.
Gruesas lágrimas caen de mis ojos.
Soy feliz, pero lloro.

XXXVIII

Demoro verte.
No quiero verte.
Porque temo destruir el recuerdo de la última vez que te vi.

XXXIX

Quiero pesar en ti, cargarte de mi dolor, para que no puedas huir de mi lado.

Porque nadie podría huir de mi lado una vez cargado con el peso de mi dolor.

XL

He hecho como los insectos.

He tomado tu color y estoy viviendo sobre tu corteza, invisible, inmóvil, miedosa de ser reconocida.

XLI

Te veo en cada cosa, todo me sugiere tu pensamiento.

He levantado los ojos y sobre el techo de la casa vecina visto el tanque que guarda el agua corriente venida del río.

Pienso que acaso estuviste ayer a su orilla y las gotas que tus ojos miraron haya subido a aquel depósito.

XLII

Oh mujeres: ¿cómo habréis podido pasar a su lado sin descubrirlo?

¿Cómo no me habéis tomado las manos y dicho: —Ese que va allí es él?

Vosotras que sois mis hermanas porque alguna vez el mismo aire os confundió el aliento, ¿cómo no me dijisteis nada de que existía?

XLIII

Ayer te vi pasar cerca de mí; ibas bajo los árboles con tu paso mesurado y la cabeza caída, como pesada de pensamientos.

Pero no quise detenerte.

Porque aún sueñas conmigo, y todo sueño puede ser muerto, aun por la persona amada que lo provoca.

XLIV

Estaba en mi hamaca.

Alguien me acunaba con mano adormeciente.

Perseguía sueños incorpóreos; pero faltabas tú.

Hubieras debido sentarte a mi lado y contarme una dulce historia de amor.

Hay una que entona así:

«Eran tres hermanas.

»Una era muy bella, otra era muy buena... ¡La otra era mía!».

XLV

Grávida de ti, levanté los ojos al cielo, y lo vi grávido de mundos enormes, que, para no asustar a los hombres, deja ver pequeños, luminosos e inofensivos, a la triste y temerosa mirada de los humanos.

XLVI

Como si tu amor me lo diera todo me obstinaba en el milagro: clavando mis ojos en una planta pequeña, raquítica, muriente, le ordenaba: ¡Crece, ensancha tus vasos, levántate en el aire, florece, enfruta!

XLVII

Si me aparto de la ciudad, y me voy a mirar el río oscuro que la orilla, me vuelvo en seguida.

Porque el agua que se va allá lejos, caminos del mar, se lleva mis pensamientos y entonces me parece que eres tú mismo quien se aleja para siempre en ellos.

XLVIII

Abandono la ciudad y me voy al bosque que está a su lado, con la esperanza de encontrarte.

Sé que es un absurdo.

Pero durante todo el camino me repito cuanto he de decirte, aun segura de que no habré de hallarte.

XLIX

Pienso si lo que estoy viviendo no es un sueño.

Pienso si no me despertaré dentro de un instante.

Pienso si no seré arrojada a la vida como antes de quererte.

Pienso si no me obligarás a vagar de nuevo, de alma en alma, sin encontrarte.

L

¿Te acuerdas del atardecer en que nuestros corazones se encontraron?

Por las arboladas y oscuras calles de la ciudad vagábamos silenciosos y juntos. Venus asomaba por sobre una azotea mirándonos andar. Yo te pregunté: ¿Qué forma le ves tú a esa estrella?

Tú me dijiste: —La de siempre.

Pero yo no la veía como habitualmente, sino aumentada con extraños picos y fulgurando un brillo verdáceo y extraño.

LI

Tu amor me había cubierto el corazón de musgo y me bajaba a las yemas de los dedos su terciopelo blando. Tenía piedad de la madera muerta, de los animales uncidos, de los seres detrás de una reja, de la planta que se hunde sin hallar alimento, de la piedra horizontal empotrada en la calle, del árbol preso entre dos casas. La luz me hería al tocarme y los ojos de un niño ponían en movimiento el río de lágrimas que me doblaba el pecho.

LII

Siete veces hicimos en media hora el mismo camino.

Íbamos y volvíamos al lado de la verja de un jardín como sonámbulos.

Respirábamos la humedad nocturna y olorosa que subía de los canteros y, como de pálidas mujeres de ultratumba, por entre los troncos negros de los árboles, veíamos, por momentos, la carne blanca de las estatuas.

LIII

Por veces te propuse viajes absurdos. —Vámonos, te dije, adonde estemos solos, el clima sea suave y buenos los hombres. Te veré al despertarme y desayunaremos juntos. Luego nos iremos descalzos a buscar piedras curiosas y flores sin perfume. Durante la siesta, tendida en mi hamaca bajo las ramas —huesos negros y ásperos de los árboles adulzurados por la piedad blanda de las hojas— me dormiré para soñarte. Cuando despierte, más cerca aún que en el sueño, te hallaré a mi lado. Y de noche me dejarás en la puerta de mi alcoba.

LIV

Sentados en un banco, ¿cuántas horas?, no me atrevía a tomarte las manos.

En la blusa de mi vestido de primavera cayeron, al fin, pesadas, mis lágrimas.

El género las absorbió en silencio, allí mismo, donde está el corazón.

LV

Una tarde, paseando por debajo de grandes árboles, sobre un colchón de tierra amarillenta, tan muelle como harina cernida, di en mirar el cielo.

Lo atravesaban delgadas, inmateriales nubes blancas y me entretuve en tejer, con ellas y en ellas, las líneas de tu cara.

LVI

Tenías miedo de mi carne mortal y en ella buscabas al alma inmortal.

Para encontrarla, a palabras duras, me abrías grandes heridas.

Entonces te inclinabas sobre ellas y aspirabas, terrible, el olor de mi sangre.

LVII

Me confié a ti. Quería mostrarte cuán perversa era, para obligarte a amarme perversa.

Exageré mis defectos, mis debilidades, mis actos oscuros para temblar de alegría por el perdón a que te obligaba.

Pero por el noble perdón tuyo, oye, yo hubiera padecido la enfermedad más tremenda que padecieras, la vergüenza más grave que te afrentara, el destierro más largo que te impusieran.

LVIII

Otra siesta, frente al río que se dirige al mar, tu cabeza en mi falda, imaginamos que la tierra era un buque en movimiento, abriendo en el espacio un camino desconocido.

Desprendida de su ruta habitual seguía a capricho nuestra

voluntad y se alejaba, zigzagueando, cada vez más del sol, hacia uno de los bordes del Universo.

Entrecerrados los ojos y aspirando el aliento niño de un recién nacido diciembre, nos sentimos desligados de toda ligadura, creadores del Camino, la Dirección y el Tiempo.

LIX

Adherida a tu cuello, al fin, más que la piel al músculo, la uña a los dedos y la miseria a los hombres, a pesar de ti y de mí, y de mi alma y la tuya, mi cabeza se niveló a tu cabeza, y de tu boca a la mía se trasvasó la amargura y la dicha, el odio y el amor, la vergüenza y el orgullo, inmortales y ya muertos, vencidos y vencedores, dominados y dominantes, reducidos e irreductibles, pulverizados y rehechos.

LX

He vuelto sola al paseo solitario por donde anduvimos una tarde cuando ya oscurecía.

He buscado, inútilmente, a la luz de una luna descolorida, sobre la tierra húmeda, el rastro de nuestros pasos vacilantes.

LXI

A medianoche, envuelta en paños oscuros para no ser advertida, rondé tu casa.

Iba y venía.

Tus persianas, tus puertas, cerradas...

Como el ladrón, en puntillas, me acerqué, una, dos, tres veces, a tocar las paredes que te protegían.

LXII

Un pájaro repite insistentemente la misma nota y mi corazón el mismo latido.

¿Por qué no te acercas, pobre avecilla?

Tú sola en la rama... yo sola en mi cuarto...

¿Por qué no te acercas a calentar mi corazón?

LXIII

Mi alegría feroz se ha convertido en una feroz tristeza.

Ambulo por las calles, miro los ojos de los que pasan y me pregunto:

¿Por qué me lo quieren quitar?

Luego doy vueltas y más vueltas.

Busco los parajes solitarios.

Me acurruco debajo de los árboles y desde allí espío a los que pasan con ojos sombríos.

LXIV

Sé que un día te irás.

Sé que en el agua y muerta y plácida de tu alma mi llama es como el monstruo que se acerca a la orilla y espanta sus pálidos peces de oro.

LXV

¿Cuánto tiempo hace ya que te has ido?
No lo recuerdo casi.
Los días bajan, unos tras otros, a acostarse en su tumba desconocida sin que los sienta. Duermo. No te engañes: si me has encontrado un día por las calles y te he mirado, mis ojos iban ciegos y no veían.

Si te hallé en casa de amigos y hablamos mi lengua dijo palabras sin sentido.

Si me diste la mano o te la di, en un sitio cualquiera, eran los músculos, sólo los músculos, los que oprimieron.

LXVI

No; no eras hijo mío. No me habías nacido del árbol intrincado y blanco de las venas, ni de los ríos liliputienses y rojos que las habitan, ni del tronco pálido y febril de la médula, ni del polvo color de luna que, comprimido, duerme en los huesos. Naciste de seres cuyos rostros y nombres ignoro.

Sin embargo te anudaba en mis brazos para protegerte de todo ruido, y mecíate con un compás de péndulo, largo, grave, solemne...

Rehuía, entonces tu boca y buscando tu frente dejaba correr a lo largo de tu cuerpo abandonado el caudal temblante y profundo de mi vida.

LXVII

No volverás. Todo mi ser te llama, pero no volverás. Si volvieras, todo mi ser que te llama te rechazaría.

De tu ser mortal extraigo, ahora, ya distantes, el fantasma aeriforme que mira con tus ojos y acaricia con tus manos, pero que no te pertenece. Es mío, totalmente mío. Me encierro con él en mi cuarto y cuando nadie, ni yo misma, oye, y cuando nadie, ni yo misma, ve, y cuando nadie, ni yo misma, lo sabe, tomo el fantasma entre mis brazos y con el antiguo modo de péndulo, largo, grave y solemne, mezo el vacío…

Diario de una ignorante

I

Las personalidades profundas suelen repugnar a su contacto, como los grandes comilones o bebedores.

*

La simpatía es la debilidad humana precursora de toda injusticia.

El amor es la única pasión de la carne por la cual se sale de ella.

*

La escasa iniciativa del hombre puede advertirse en este hecho simple: cuando un tranvía va lleno, las gentes que ocupan la plataforma u obstruyen la entrada del coche no son capaces de invadir, por su cuenta, el pasillo libre. Más aún: para resolverse a dejar su sitio de apretujamiento necesitan la exhortación repetida del guarda.

*

Las mujeres argentinas se caracterizan porque, en vez de tender a diferenciarse unas de otras, tienden a parecerse, a igualarse, a confundirse. ¿Es esto escasa personalidad o pudor de la personalidad?

Si hay algo despreciable en los hombres de amor propio fecundo, es ese relamerse del yo que sucede a todas sus creaciones, actos y sentencias.

*

La imaginación del hombre es como un espejo de tamaño pequeñísimo que puede, sin embargo, reflejar y abarcar todo lo que en la vida es anterior al hombre y la posibilidad de un futuro infinito. Pero el problema real de un hombre son los cincuenta o sesenta años que dura su vida.

Esta contradicción, esta ilimitación en lo limitado, ofrece para la comprensión del alma humana sugestiones infinitas.

*

El hombre se liberta por la imaginación y se subordina por la razón.

*

La civilización es, en esencia, un trabajo de clasificación.

*

Vivimos como si no viviéramos y el mañana parece contener nuestra verdadera vida.

El hombre no puede rebalsar sus propios límites.

Estos límites están fuera de su voluntad.

La sociedad más desenfrenada se frenaría un día solamente por la tristeza de la experiencia.

*

Todos los grandes cambios humanos pudo pregonarlos la voz del amor, pero los ejecutó la mano de la crueldad.

*

El hombre es como un disco: nace ya impresionado. Su educación es solamente un buen o mal aparato transmisor a través del cual ha de oírse, sin remedio, su verdadera voz.

*

Disculpamos nuestras bajas acciones a veces porque formando parte de nuestra psicología no las advertimos como tales y otras porque conociendo sus móviles íntimos las juzgamos inevitables. En cambio, las bajas acciones de los demás se nos presentan bruscamente desnudas, independientes de la salsa psicológica donde se engendraron y produjeron, desvinculadas del móvil, la urgencia; su necesidad oscura y, por consiguiente, sin disculpa posible.

*

El instinto es, en los hombres y en los animales, la inteligencia oscura de lo que conviene.

*

Ver al mundo situándose a larga distancia de él, desde todos sus puntos de vista, sería entrar en lo estático y dejar que se cumpla la ley.

(6 de diciembre de 1925)

II

El hombre se siente solo cuando ha disipado sus dudas respecto del valor moral de los otros seres de que se acompaña. Cuando amamos, por ejemplo, hay un período, el inicial, en que nos sentimos acompañados: en aquél adornamos al ser querido de condiciones superiores, acaso justamente aquellas de que estamos desposeídos.

Al lado del ser amado volvemos a sentirnos solos al comprobar las primeras grietas de su supuesta belleza espiritual y palparlo como un ser que posee nuestras imperfecciones.

*

Comprender un pensamiento con tal hondura que se lo alcance hasta en sus más lejanas vibraciones es casi crearlo.

*

Hay formas de belleza que no cansan jamás: la del cielo es una de ellas.

¿En qué se apoya esa constancia del hombre para un espectáculo que no varía nunca?

Acaso en su inmaterialidad lejana. Acaso en la igualdad con que se rinde a toda mirada.

Acaso porque se lo asocia a los placeres físicos más puros: respirar, ver la luz.

Acaso por suponerlo fuente de toda energía y vaso de todo misterio, e incitar así a la reflexión y al ensueño.

Acaso por ser bello en sí mismo y dar —aunque mentida— una dulce sensación de paz en contradicción con la agitada naturaleza humana.

*

La mentira suele ser, con frecuencia, un deseo inconsciente de perfección.

Es cosa corriente contar un hecho real deformado, mejorado, adornado.

El narrador perfecciona así, con la imaginación, lo que la realidad le dio de manera defectuosa e incompleta.

*

La vanidad es una de las formas más groseras de la feroz alegría de ser, de existir.

*

Un día oyendo en una acera a un grupo de mujeres obreras comentar un crimen pasional, comprendí, en vivo, la razón íntima de la literatura.

Cuando una de ellas averiguaba —¿por dónde entró la bala?, ¿tardó mucho en morir?, ¿se desesperaba la madre?—, buscaba ahondar más la propia emoción: veía la carne abierta y sangrante, oía ya el estertor del moribundo...

Y acaso creía condolerse y sufrir, pero gozaba —en su medida— con el goce intelectual con que un refinado puede leer el relato de un crimen escrito por mano maestra.

*

Que el débil adule al fuerte es natural.

Es éste un orden de cosas lamentable, pero de cierta armonía.

Pero ¿qué pensar de las épocas —la actual, por ejemplo— en que los poderosos se bajan a adular a los desposeídos?

*

Cierta vez que creí estar enferma de enfermedad mortal, entré en un estado de depresión miedoso.

Haciendo ahora el análisis de aquél, recuerdo que no me atormentaba tanto el temor de morir como mi orgullo castigado.

Yo sentía que la naturaleza hostil apretaba sus círculos para domarme y vencerme y no tenía el enemigo cara a cara para comprenderlo.

Y la impotencia contra lo desconocido me enloquecía.

*

Cuando un hombre, el más perfectamente dotado de condiciones morales, cae en la más grave vanidad, la de querer ser divino, consigue con probada frecuencia hacerse noblemente hipócrita.

El defecto humano repugna mucho más en aquel que no se lo advierte en sí mismo.

Leo en un diario del día 6 de diciembre de 1926: «Hay en Ucrania cien mil niños hambrientos que como traílla de lobeznos pululan por las calles de las grandes ciudades».

He aquí el rasgo inesperado, violento, desarmónico, revelador de que la especie humana no difiere de las animales cuanto a ser parásitos de la corteza terrestre, cuya vida sirve a la Naturaleza solamente a los fines de una parcial evolución.

*

Curiosa contradicción que el comunismo desprecie al intelectual y endiose el músculo, y luego quiera resolverlo todo por la organización que es mental, intelectual por excelencia.

En efecto: ninguna forma de administración colectiva necesita más vigorosos cerebros que aquélla.

*

La literatura americana más en boga tiene indudablemente un acento: la cautiva el brillo, la extravagancia, la forma sensual, la metáfora monstruo, los cuatro grandes porqués de la vida, los temas inflados, la expresión barroca.

Literatura de adolescentes imaginativos, pobladores de una tierra fácil e ilimitada, ¿qué otra cosa podía ser?

*

Libro lleno de citas o lo es de un hombre muy honrado o lo es de un advenedizo.

*

Si reparáramos en que a diario vemos a los hermanos —receptores de la misma herencia y educados del mismo modo— seguir las tendencias morales más opuestas, comprenderíamos que la llamada educación de hogar sólo educa, en realidad, a los impersonales.

*

La coincidencia es acaso lo que más se asemeja a la fatalidad: nunca he olvidado lo que me ocurrió una tarde con un escarabajo.

Pasaba yo a la vera de una pared y oí zumbar un cascarudo, de manera especial.

Advertí pronto que enredado en la tela de una araña, ésta lo tomaba por entre las patas para chuparlo.

Con la punta de mi sombrilla rompí la telaraña y, salvado, cayó al suelo.

En ese preciso instante oí un cr… cr… cr…; era mi perro que se lo comía.

(7 de febrero de 1926)

III

El hombre de alma más honrada que he conocido, para poder serlo, se negó a toda acción.

*

Características del escritor argentino de diez años a esta parte: vida reposada y digna; tendencia al aburguesamiento; miras aristocráticas; preferencia por el tema filosófico; mesura; buen gusto; monotonía.

*

No sé qué hacerme con el alma de un niño: sólo atino a dejarla en libertad.

Nunca me ha apasionado la disciplina moral de la niñez, porque el hombre que congénitamente no vale nada poco importa que se pierda, y si vale en realidad, no se pierde.

Sacrificar a los buenos en beneficio de los malos, a los mejores en beneficio de los peores, ha sido siempre la penosa y obligada contradicción de los reformadores.

*

Mientras yo vea a otro ser comer sin repugnancia el pan donde se han aposentado unas moscas no podré considerarlo mi igual.

*

Fue a una hermana de caridad a quien yo vi despertar, todos los días a las siete de la mañana, a un bebé de pocas semanas «para habituarlo a madrugar».

*

Un día, una pobre muchacha emigrada y analfabeta me pidió que le escribiera una carta al padre de su niño que estaba en

España, para pedirle socorro y darle noticias del hijo. Entre las muchas frases incoherentes que me dictó su ansiedad, no he podido olvidar aquel tembloroso «Señor Boticario» con que encabezó la carta, repitiéndolo a cada expresión.

He aquí una curiosa paradoja: el lema de la juventud es «Deshacer». El de la vejez: «Construir».

*

Conocí una mujer bellísima y tuberculosa que meses antes de morir, y devorada por una fiebre diaria de 39 grados, enamoraba y dominaba a cuanto hombre se le acercaba.

Se valía para ello de su debilidad, a la que ponía como túnica de una perversidad refinada y de un vulgarísimo plan calculado: indiferencia primero, veladas promesas luego, en seguida ligeras golosinas de amor, por último negación cerrada.

Así, de un modo casi matemático, vi caer en sus redes al necio y al inteligente, al calculador y al sensible.

*

He sido testigo presencial de este hecho: un extranjero de distinción fue una vez a casa del señor X con una carta de presentación y después de conversar penosamente largo rato confesó que hacía varios días no comía, pues se hallaba en el país sin recursos.

En el comedor de la casa, a solas, le fue servida, inmediatamente, una copiosa comida.

Nada tendría esto de particular.

Pero nunca habrá sospechado aquel hombre que para ver comer a un hambriento veinte ojos se apostaron en el cuarto contiguo, a oscuras, detrás de los visillos.

*

El amor hace más ángel al ángel, más bestia a la bestia.

*

Mi cocinera, mi buena y abnegada cocinera, se repugna de mí por la fineza de mi olfato.

*

Quizá pueda llegarse a un grande amor por la humanidad después de haberse amado profundamente a uno mismo, sin felicidad.

Apunto esta contradicción por si algún psicólogo quisiera utilizarla: cierta vez estuve a punto de ahogarme; permanecí debajo del agua cerca de un minuto y la palabra humana no podría expresar la alegría que sentí cuando mi salvador, el pintor Botti, me asió la mano. Sin embargo, mezclada a esa alegría, experimenté una sensación deprimente de ser humillada al haber comprometido la vida de otro y no ser capaz de salir del trance por mis propios recursos.

*

El fenómeno curioso y repetido de que un hombre tenga más piedad por un animal que por otro hombre, tendría acaso su explicación en que al animal puede servir a aquél, halagarlo, acompañarlo, sin discutir, molestar, ni chocar su alma.

Porque lo que más suele molestar al hombre cargado de sus propios problemas son los problemas de otro hombre.

*

Acaso los escritores vivirían como escriben si el mundo fuera como lo han soñado y no como en realidad es.

Las cartas engañan siempre, sobre todo las cartas de amor.

Es que una carta de amor es la expresión de diez minutos y durante las restantes veinticuatro horas del día el alma de ese mismo ser varía veinte veces.

(1 de agosto de 1926)

IV

No hieren los grandes dolores naturales con que la vida nos castiga tanto como los pequeños dolores inmerecidos que no nacen de la fatalidad, sino de la estupidez.

*

Se camina con su tiempo aun cuando no se lo crea, del mismo modo que se avanza sobre un tren en marcha, aun cuando uno, individualmente, camine dentro del tren en dirección inversa a la que lleva la máquina.

*

Cuando un hombre tiene un arma en la mano todos los movimientos de ese hombre concurren, por ley del esfuerzo que implica sostenerla, a procurar que el tiro salga.

*

Sólo hay que creer en las palabras de los hombres que libraron su primera batalla contra ellos mismos.

*

América del Sur es un punto donde los fenómenos europeos se reproducen como en comedia ligera, con los mismos elementos con que, originariamente, se juegan en drama.

*

El más pusilánime de los hombres, en lucha diaria contra la naturaleza de las cosas, es un héroe.

*

«Los dioses están con los vencedores, así éstos sean unos cobardes», dice Esquilo; con lo que Esquilo acepta que también los dioses son miserables.

*

Se odia al ser a quien hemos ofendido porque, acaso, no se deseaba ofenderlo y, al vernos obligados a ello por causas accidentales, constatamos la pobreza de la naturaleza humana y aborrecemos a quien nos obliga a observarla en carne propia.

*

Mientras una experiencia sea posible el hombre la realizará, tanto por necesidad de ella cuanto por realizar la experiencia en sí. He aquí el bravo incentivo de todo lo nuevo.

*

Las mujeres valientes repugnan a una buena mayoría; hombres cobardes repugnan sin excepción.

*

Si cualquier hombre supiera decir, de un modo correcto, todo cuanto se puede decir sobre una silla pongo por caso, sería un genio.

*

A los que preguntan para qué sirven los versos, que no combaten o moralizan, habría que contestarles con las palabras exaltadas que pronunció un ciego de nacimiento, cuando, habiéndole un cirujano devuelto la vista, vio, por primera vez, las flores.

*

No nos es más simpático el ser a quien más le debemos, ni más antipático aquel que nos ha hecho daño o el otro a quien le somos indiferente, pues la simpatía es, de suyo, anárquica.

*

Tres movimientos repugnantes: batir rápido una mandíbula contra otra para triturar mejor; abrir los codos para obtener paso; plegar los labios en risa ante lo que no se comprende.

*

En la vida todo es cuestión de intereses, pero los hombres se diferencian unos de otros por la diferencia de calidad de sus intereses.

*

Leí, hace tiempo, que un cocinero desdeñado se suicidó, delante de su novia, comiendo, en cantidad brutal, tortas de arroz que él mismo había cocinado, hasta caer muerto de un ataque apopléjico. El cocinero, claro está, era japonés.

*

Salita de un hospital suburbano. Un enfermo recomendado; individuo de comité, con ribetes... El hombre vale trescientos votos. El intendente local va a verlo todos los días y le ahueca personalmente las almohadas. Otra de las visitas habituales es un amigo que acaba de cumplir una condena por no respetar la propiedad ajena.

Una mañana la enfermera entra muy temprano y se encuentra con éste, ya de visita, quien la emula así: ¡Muy bien, señorita, muy bien! ¡Tan temprano y ya trabajando! ¡Muy bien! Y arrellanándose en el sillón, préstamo del intendente, el ex presidiario agrega: ¡El trabajo dignifica al hombre, señorita!...

*

A las gentes groseramente felices, a los satisfechos, sin preocupación espiritual o social alguna, el ahondamiento de los problemas humanos debe causarles el mismo efecto que las contorsiones musculares vistas en un circo.

*

Una juventud seria, responsable, digna, sana, riente, tonante de espíritu de justicia... ¡qué maravilla!

*

Yo pondría en la puerta de mi casa el aforismo: «Águila que no caza moscas» después de haber rociado con petróleo y quemado todas las moscas existentes.

(30 de agosto de 1931)

V

No hay que buscar la felicidad como un tanteo; hay que buscarla con desesperación.

*

La naturaleza como ejemplo para la conducta humana no satisface ya a nuestra inteligencia. Razonamientos intelectuales quieren que el hombre rechace, como norma de su vida, las enseñanzas que podrían derivarse de los fenómenos más crueles de aquélla.

Actitud humana, heroica y agria que tiene defensa en su propia determinación, indudablemente también prevista por la naturaleza.

*

Porque la naturaleza no es solamente el sucederse de los ciclos; entra en sus fenómenos el pensamiento humano en actitud de rebeldía contra sus ejemplos de apariencia más grosera.

*

Todo hecho es moral, cuando, siendo una necesidad, de cualquier naturaleza, es admitido por la mayoría.

*

Corolario: las necesidades de las minorías, por selectas que sean, obran como inmoralidades hasta que la mayoría, por razones diversas, se las incorpora.

*

También puede ocurrir que la mayoría no se las incorpore nunca; entonces obran, desde fuera de la masa, como levadura ideológica.

*

Río de Janeiro, abrasada de sol, rodeada de mar luminoso, de playas claras, de árboles rientes, es una ciudad triste: una presencia bárbara y cruel, un hálito de mundo aún no desbrozado, nos aplasta. Algunas ciudades europeas, grises, nevadas, sin un árbol, pero ultracivilizadas, son alegres, impulsantes.

*

Cuando se anda por España e Italia viendo pintura, llega un momento en que, como el público al equilibrista ebrio de su propio impulso, se sienten deseos de gritar: ¡basta, basta!

*

El endemoniado guía que me acompañó a visitar las ruinas de Pompeya sabía bien cómo se matan ilusiones: al mostrarme su teatro griego me informó que, por ser muy ancho, no habían podido poner techo.

*

Era una señora tan enamorada de la armonía decorativa que aconsejaba a sus amigas que hablaran bajo cuando se vestían de negro.

*

Al pie mismo del Vesubio una casa rosada avanzaba valientemente hacia el cráter humeante. Había podido más la necesidad que el miedo. Pero el miedo había encontrado un recurso: pintar, sobre la fachada de la casa, larga y ancha cuanto ésta, una inmensa cruz clamante.

*

Llamaba a vivir aquel humo blanco y denso del Vesubio, erguido en columna sobre los floridos duraznos; mirándolo sentía uno más flor la flor y más paisaje el paisaje.

*

¿Por qué habían lustrado de tal manera el piso del Museo Histórico de Ginebra? Era imposible entrar espiritualmente en situación al contemplar un utensilio cualquiera de origen merovingio, pongo por caso.

*

¿Qué pensar de aquella mujer que dejó de amar al que amaba cuando vio al Hermes de Praxíteles?

*

Viajaba en el barco el hombre más hermoso del mundo. Semidesnudo, como lo vimos al pasar la línea del Ecuador, reclamaba un carro triunfal que hubiera corrido, sin hundirse, sobre el mar.

*

El sudamericano suele ser desprendido aunque no generoso: la generosidad es constructiva; el desprendimiento, desordenado.

*

Las mujeres no perdonan a otras que hagan lo que ellas, sin atreverse a realizarlo, tienen grandes deseos de hacer.

*

Fue en la Capilla Sixtina donde vi a un grupo como de cincuenta conscriptos italianos enviados por la superioridad a ilustrarse en materia pictórica. El cicerone, con inflamada voz, les hablaba detalladamente de los colosos que habían cubierto aquellas paredes de tanta maravilla. Pero los jóvenes, oliendo aún a tierra arada, daban, con sus brazos caídos, la única respuesta.

*

Es privilegio de civilizaciones muy depuradas el concepto puro de la amistad. En sociedades de aluvión la amistad sufre, habitualmente, los altibajos de la fortuna. En medios penetrados de principios morales, resiste mejor los vientos adversos.

*

Así explicamos, en nuestro continente, la caída violenta de personajes encumbrados que de la mañana a la noche quedan sin un amigo como si el ser hubiera cambiado de naturaleza al perder sus vestiduras.

(*La Nación*, 30 de julio de 1933)

Carnet de ventanilla
(De Buenos Aires a Bariloche)

*

Viaje. Esperanzas. Un camarote de cuatro personas. Una sola. Más vacío el vacío; más deseado lo deseado.

*

Hacia el lejano Sur… título de película… y la arena que ya cruje entre los dientes.

*

«Conozca su país…». Un crédito por tres meses de sueldo.

*

Pulverizar el miedo: he aquí el más alto objetivo pedagógico.

*

Miedo de lo desconocido: instinto de conservación que repliega al hombre y a la bestia en sus guaridas y los aplasta contra el suelo.

*

¿Puede sobrevivir el aventurero en un imaginativo ultrasensible?

*

Voici la pampa, objeto de tantas interpretaciones metafísicas, y que, como el mar, afloja la mirada y embota la reflexión.

*

Casas de ladrillo sumarias del campo argentino: cubos con una boca, semejantes, en su disposición, a los animales que inician la escala zoológica.

*

Más bella la pampa si manchada de pastos amarillos.

*

Arbusto solitario que te achaparra contra los pastos; quisiera ser tu araña…

*

¿Cómo se llamará el pájaro que pasa por mi ventanilla?

*

El hambre, benefactor de la poesía, viene a mí a grandes zancadas desde el horizonte, saltando por sobre los montes de las estancias.

*

Reflexión después de haberlo satisfecho: quien alimenta su cuerpo, alimenta sus desgracias.

*

En la planta, un cardo por cien orquídeas; en la mano, una orquídea por cien cardos.

*

¿Toda flor está de acuerdo con su paisaje?

*

Una palmera en la pampa... al trópico le cuesta morir.

*

Cantos de pájaros; puntas de platino que corren a lo largo del tren para tararearle un cuento de hadas.

*

Un trozo de campo quemado improvisa una mina de carbón.

*

«Mañana»… la pampa abierta dice «mañana»…

*

Siempre: una vaca en el campo le quita toda malicia. Y una oveja lo hace tierno.

*

Este es el maíz, el vital maíz que la civilización nos devuelve en un carro para ser servido con una banana frita y un pollo estilizado.

*

Una vaca muerta, con su bello cuero intacto, como estampado en el suelo, es, entre estos sembrados, el poema del clásico que despotrica contra la vida.

*

Estoy pisando riqueza nacional; fuerza viva. No tengo de qué avergonzarme. En un tiempo mi padre fabricaba cerveza con cereales argentinos. (Tendría un poco de anilina).

*

Después de catorce horas de tren todavía provincia de Buenos Aires.

*

Las ovejas de los cuadros no están nunca tan sucias como estas del Sur; es verdad que el artista argentino no las pinta.

*

Todos viajamos sin un mapa; el que encontramos en el auto de una agencia de turismo nos salva.

*

Muy atrasados en geografía; oímos «Patagones» y lo creemos distante: último pueblo de la provincia de Buenos Aires, cuya punta sureña es de naturaleza patagónica.

*

Pastos duros; tierra blanquecina... ¡Unas garzas rosadas, unas garzas rosadas, unas garzas rosadas!... Y en su laguna.

*

Ya estamos en la Patagonia. Un infierno de tierra. Arriba estrellas que dan miedo.

*

Espigadas: más de las que se advierten en las provincias andinas. Aureoladas... a punto de estallar.

*

La constelación de Orión que vi en Sevilla, fúlgida, titilante, está aquí, tranquila, crecida; baja: va a caer.

*

Estrellas de hecatombe, como las que describe Berceo en «Los signos que aparecerán antes del juicio».

*

¿Quiere el cielo adulzorar la tierra gredosa y la mata espesa?

*

Esto podría decirse de otro modo: «La tierra maldita» da flores en el cielo.

*

Río Negro: su pellejo telúrico se arruga un poco y pinta en el aire unos volcanes de juguetería.

*

No han de ser volcanes, pero tienen una boca dispuesta a hacer ¡puf! como aquéllos.

*

Le agrada la horizontal, interrumpida por vanos angulosos con el vértice hacia abajo, o los primeros tramos de la precordillera.

*

Típica de la Patagonia la montaña rematada en meseta: con frecuencia esta vista desde abajo parece una corona esculpida.

*

Si quieres ser un verdadero San Francisco de Asís, vente a Ingeniero Jacobacci en un día patagónico y llámale hermano al papel quemado que revuela.

*

De esta aridez parda podría nacer un nuevo Greco.

*

Cementerio patagónico, polvo y raídas cruces, donde el mismo Jesucristo no hubiera querido reposar después de muerto.

*

Escuela-galpón hecha de tablones: manchas blancas, en ronda, animan tu patio delantero; desde la puerta el maestro alarga su mano hacia el tren.

*

Tumbadas por la racha, pero vivas, heroicas flores amarillas en armonía con la parda montaña.

*

Al acercarse a Bariloche el paisaje se parece bastante al de las sierras de Córdoba en sus partes de vegetación más agria.

*

La tierra siente al Nahuel-Huapí antes de que los ojos lo vean y empieza a echar unas flores de maravilla, anaranjadas y blancas.

*

Azul de lago azul de montaña; arabescos de nieve en las cimas; Bariloche, Patagonia civilizada, hija del agua madre de la vida.

(*La Nación*, 21 de febrero de 1937)

Carnet de ventanilla
(Bariloche - Correntoso - Traful)

Dijimos anteriormente: Bariloche, Patagonia civilizada. Escuela amplia y moderna de material. Una pequeña «boite» para «tea-room» barre la leyenda.

*

A las diez y cuarto de la noche (las diez que son las nueve), estamos aún de día: cielo de cristales azul-verdes estampado de pájaros de fuego.

*

El cielo de Bariloche necesita un capítulo aparte en las guías de turismo.

*

Calles quebradas, chalets de madera, tipo suizo, que no tienen de éste más que el techo. Paisaje con carácter que pide una arquitectura particular que la urgencia de vivir no ha encontrado todavía.

*

¿Es esto Suiza, acaso? No: esto es la Patagonia, igual a sí misma.

*

Heroicos paisajes sudamericanos, sustentados a belleza pura, sin que la mano del hombre les agregue encanto alguno, semejantes a esas mujeres mal trajeadas cuyas armoniosas líneas enredan la mirada del transeúnte.

*

La nieve de las montañas del Nahuel-Huapí no es la hosca europea; parece decirnos: Somos unos ángeles que nos hemos acostado en los picos para embellecer el paisaje; a veces sólo tendemos un ala; con frecuencia una pluma.

*

Verde único del lago Mascardi, próximo al Nahuel-Huapí: verde fresco, con toques dorados, hecho de carne de ondinas sudamericanas, bellas y analfabetas.

*

En el fondo del Mascardi, el Tronador, imponente en sus nieves eternas, con su rostro chileno y su rostro argentino.

*

Deberíamos llamar al Nahuel-Huapí «La dama de los azules».

*

Femenino en sus interminables caprichos azules: agua, piedra, cielo, sin que le sean ajenos ninguno de sus matices.

Taimado en su apariencia de niña mimosa, dormida en un bosque de velos celestes, capaz de devorarse al buque con su carga, en un día de ojos sesgados.

*

Lleno de islotes que salen al encuentro del barco turista, erizados de árboles-mástiles y rocas-cañones.

*

Tan irregular que por momentos da la impresión de un delta.

También de fiordos, irradiando en todas direcciones desde un eje común.

*

Su azul de Prusia no lo vi en ninguna parte: no es el azul del mar; tiene cristales dentro del color.

*

Ya levanta barrancas perpendiculares de piedra lisa, laderas cubiertas de cohiues, montañas heridas de árboles rotos, secos, quemados; alguna que otra pradera al nivel del agua; todo ello de diversa aura, disposición, forma y color: con nieve, sin nieve; con musgo, sin musgo; pardo, amarillo, verde, marrón, blanco...

*

Las alfombras de matices más sutiles se obtendrían copiando los tonos de sus laderas reflejadas en el agua.

¿Para qué miras al cielo? Está allí, en el agua, detallado nube a nube.

*

En Correntoso, sobre el Nahuel-Huapí, aprendí, en los atardeceres, decoración teatral.

*

El Correntoso es un brazo del Nahuel-Huapí, que al unir dos sectores del mismo se precipita formando río.

*

No tiene más de cien metros de largo, pero venid a pescar piedras preciosas a su fondo: las hay de todas formas y tamaños. Los troncos muertos de su lecho se visten de terciopelos multicolores y fingen náyades encantadas.

*

¡Ay, si una de ellas me tendiera los brazos!

*

Nadie le impide a uno bañarse en el Nahuel-Huapí. Coraje, adentro. Agua helada, sol radiante; el paraíso. De pronto un tábano. Desesperación. Se aleja ahora; sigue a otro turista. Cabe el elogio de la inconstancia.

*

Se sabe que estos lagos han sido sembrados de salmones, truchas y cruzas de ambos, que se denominan truchas salmonadas.

Se multiplican espléndidamente. Su pesca, permitida para el consumo diario y no para fines industriales, ha hecho más fácil la vida del pobre.

*

La frutilla salvaje de estas regiones tiene gusto a lava.

*

Crees estar sentado sobre un hormiguero; lo estás sobre un montículo de lava.

*

Las amapolas de Río Negro y Neuquén son las más hermosas del mundo.

*

Tampoco he visto rosas más suntuosas; estos valles harían el perfumero del país.

*

Desde Bariloche al lago Traful costeamos el Limay, que tiene un tic.

Este tic consiste en ocupar los anfiteatros naturales que se forman entre dos montañas, abriéndose en fuente llena de islas pintorescas.

*

Todo el trayecto está jalonado por anfiteatros del Limay, aun cuando uno solo de éstos lleva ese nombre.

*

De pronto, en una picada, humo blanco como formado por disparos de bombas. Es una majada de ovejas bajándola.

*

Una bocina en un camino de cornisa. Un caballo se espanta y el jinete se lanza al abismo sobre su cabalgadura y baja milagrosamente la montaña perpendicular. Para mí, tal baquía, cuatro líneas; para el paisano, la vida.

*

Preguntamos: —¿Quién ha hecho tal camino? El conductor nos responde: —Se ha hecho solo.

*

En verdad, los caminos han sido hechos por la necesidad de los hombres de comunicarse entre sí, poco a poco.

*

El verdadero civilizador de la Patagonia es el automóvil.

*

¿El Plesiosaurio? Sí; un puente de hierro.

*

¡Valle encantado del Limay! Rematad vuestras estatuas para venir a verlo. Los grandes escultores pudieron no existir; no hubieran tallado jamás sus piedras ni logrado darle su pátina de siglos.

*

El surrealismo cobra vigor en este valle de esculturas naturales inenarrables.

*

Para ir de Traful a Correntoso se viaja durante horas por entre selvas prietas de árboles gigantes.

Las distancias. He aquí el enemigo argentino; se debería viajar con un cuerpo de repuesto para servir bien al país.

*

El amarillo y el anaranjado son los colores preferidos por esta tierra para dar sus flores silvestres.

*

Violetas de forma igual a las comunes de este color, pero de pétalos más carnosos, como hechas de láminas de nácar dúctil. Sin perfume.

*

Para cuando me muera quiero una corona de esas violetas, adornada con un moño de nieve.

*

Amor mío: tomarás un aeroplano hasta Bariloche; te internarás en el Nahuel-Huapí hasta Correntoso; subirás al Belvedere, primero a caballo, después a pie. Allí, al lado de la nieve, cortarás las violetas. Rápido, porque me llevan.

(*La Nación*, 16 de mayo de 1937)

PENSAMIENTO

Un libro quemado

La Nota, 27 de junio de 1919

La palabra feminista, «tan fea», aún ahora, suele hacer cosquillas en almas humanas.

Cuando se dice «feminista», para aquéllas, se encarama por sobre la palabra una cara con dientes ásperos, una voz chillona.

Sin embargo, no hay mujer normal de nuestros días que no sea más o menos feminista.

Podrá no desear participar en la lucha política, pero desde el momento que piensa y discute en voz alta las ventajas o errores del feminismo, es ya feminista, pues feminismo es el ejercicio del pensamiento de la mujer, en cualquier campo de la actividad.

Es pues la razonadora anti-feminista una feminista, pues sólo dejaría de ser tal no teniendo opinión intelectual alguna.

Es curioso consignar que en los países de habla castellana las primeras feministas —suprimidas reinas y damas de corte influyentes en política— han sido monjas, las que, por dedicarse a una vida de silencio y de cultura religiosa, pudieron enriquecer su espíritu en las lecturas sagradas y escribir y publicar sus oraciones, versos, o comentarios.

Pero el prejuicio anti-feminista es antiguo.

A Teresa de Jesús, que se había permitido comentar el *Cantar de los Cantares* en páginas inmortales, su confesor hízole quemar aquel libro y sábese de las maravillas literarias que contenía por algunas copias aisladas que en poder de una monja quedaron.

Dice de esto Fr. Gerónimo Gracián:

> Entre otros libros que escribió (se refiere a Teresa de Jesús) era uno de divinos conceptos y altísimos pensamientos del amor de Dios y de la oración y otras virtudes heroicas, en que se declaraban muchas palabras de los cantares de Salomón, el cual libro, como pareciese a un su confesor cosa nueva y peligrosa, que mujer escribiese sobre los cantares, se le mandó quemar movido con celo de que (como dice San Pablo) *callen las mujeres en la iglesia de Dios*; como quien dice, no prediquen en púlpitos, ni lean en cátedras, ni impriman libros.
>
> Bien creo que si este confesor hubiera leído con atención todo el libro y considerado la doctrina tan importante que tenía, y que no era una declaración sobre el *Cantar de los Cantares*, sino conceptos de espíritu que Dios le daba, encerrados en algunas palabras de los cantares, no se lo hubiera mandado quemar. Porque así cuando un señor da a su amigo un precioso licor, se le da guardado en vaso riquísimo, así cuando Dios da a las almas tan suave licor como el espíritu, le encierra, las más veces, en palabras de la Sagrada Escritura.
>
> Permitió el Divino Maestro que una monja trasladó del principio de este libro unas pocas hojas de papel, que andan escritas a mano y han llegado a mis manos con otros muchos conceptos espirituales que tengo en cartas que me envió escritas de su mano la misma venerable Madre y muchos que supe de su boca, en todo el tiempo que la traté como su con-

fesor y prelado, que fueron algunos años, de que pudiera hacer un gran libro...

He aquí como una gran obra literaria ha sido perdida para el espíritu humano por un prejuicio netamente anti-feminista.

Sabemos ya que, desde el punto de vista moderno, filosófico, diré, las Sagradas Escrituras son anti-feministas, y las leyes por las que nosotros nos regimos, inspiradas en gran parte en aquéllas, anti-feministas también.

Pero toda mujer que entrara a considerarlas, en pro o en contra se volvería feminista, porque lo que por aquéllas le está negado es pensar con su cabeza y por algunas de éstas, obrar con su voluntad.

No entro a discutir aquí los fundamentos de esta prohibición...

Me limito a exponer un caso sensible de destrucción, en el campo del arte.

Alfonsina Storni

¿Existe un problema femenino?

La Nación, 26 de septiembre de 1920

Hace tiempo se viene agitando en todo el mundo algo que podríamos llamar el problema femenino. Pero, no debemos olvidar que, con frecuencia, las cosas toman palabras para diferenciarse de las otras cosas, y que, quitando la capa de estas palabras, resultan no diferir en absoluto de aquéllas.

Así, mujeres y hombres, han dado en decir que existe un problema femenino, pero quitando el adjetivo separador, vemos que no existe un problema femenino; que sólo existe un problema humano.

Que exista un problema humano no es, por otra parte, privativo de nuestra época: el problema humano ha existido siempre con crisis y calmas aparentes, ya que aquellas crisis eran preparadas por estas calmas.

Nuestros momentos son de profunda crisis y tan revueltas están las aguas que, no pudiendo abarcarla en bloque, se han separado sus problemas: ¡problema femenino, problema social; sinnúmero de problemas!

En lo que al problema femenino respecta no hay, detrás de él, en verdad, nada más que una crisis de la familia, y esta crisis de la familia contiene, en sí, todos los problemas.

Observamos que la familia se disgrega: los padres pierden

su autoridad antes de tiempo, los niños no obedecen sin razonamientos personales, las mujeres quieren hacer su vida, los hombres no saben mandar, han perdido sus fuerzas morales y la familia carece de un ideal profundo que encierre todas sus energías en un solo cauce.

Podríamos hallar infinitos hechos a que atribuir esta disgregación de la familia, que caracteriza y define nuestra época.

Pero, detrás también de estos hechos, sólo hallaríamos uno: el eterno problema humano de renovación indefinida.

El árbol humano ha madurado sus frutos y, podridos éstos, se abren y dejan caer al suelo las semillas.

Da mucha pena ver el árbol viejo, que tanto trabajo tuvo para madurar, pudriendo sus hermosísimos frutos pero éstos no pueden contra sí mismos; se abren sin remedio.

¿Qué quién hubiera podido detener la crisis de la familia?

Cuando el mundo pagano, en medio de sus gases deletéreos, vio crecer la dulce florecilla cristiana, tuvo conciencia de que el perfume de esta flor, nacida para conservar aún parte de la humanidad, mataría toda su belleza creada, toda su intelectualidad.

Pero la florecilla cristiana era un producto de los gases deletéreos, y si éstos tuvieron la fuerza necesaria para crearla, ésta llevaba en sí, también, la fuerza necesaria para vencerlos.

Como momento humano, esta disgregación de la familia se parece a la última época pagana y está preparando, no sabemos con certeza, qué nueva fuerza, que ha de poner fin a su falsedad y a su relativa inmoralidad. Falsedad e inmoralidad hemos dicho y no nos pesan los términos: si la familia no se ha con el propósito de sacrificar todos los intereses de sus miembros a una sola orientación, la familia no existe sino como fórmula, como residuo de una organización social que tuvo su razón de ser en otros momentos, como fácil molde al cual se procura adaptar la vida de varios sujetos; aunque la intimidad ideológica de aquellos lo desprecie, deprima y deforme continuamente.

La profunda hipocresía social que importa una familia así constituida permite su íntima anarquía.

El problema femenino, que es uno de sus aspectos, desaparecerá al solucionarse, si se soluciona, la crisis de la familia.

Supongamos la familia definitivamente disgregada: supongamos que los hijos no lleven ya el apellido de los padres, y que los hombres no se vean en la obligación moral de atender a la subsistencia de la familia.

El hombre, en este caso, habría perdido toda su autoridad sobre la mujer, porque no siendo el proveedor material del hogar, le faltaría la fuerza ejecutiva en que, conforme a la organización actual de la familia, se basa su derecho a la autoridad.

Esta absoluta disgregación, que obligaría a la mujer a procurarse ineludiblemente su propia subsistencia, habría solucionado de hecho el problema femenino.

Pero, mientras la familia no vire en el sentido de adoptar totalmente los antiguos moldes en que las mujeres perdían su personalidad, para que fuera mayor la de sus esposos, o bien la familia no se rompa del todo y se asiente la organización social sobre una moral absolutamente opuesta a la presente, el problema femenino formará parte integrante de esta crisis de la familia, que estamos sufriendo.

Si está o no está en crisis la familia podemos deducirlo por el simple hecho de que una pareja de esposos vote por dos partidos antagónicos.

¿Cómo podría conciliarse la intimidad ideológica de la familia con esta discordancia de su orientación ideológica?

Si ha llegado el momento de que las mujeres sean fuertes y resistan la vieja organización de la familia, deben serlo para serlo con provecho y originalidad del todo: viviendo conforme a sus propios impulsos, hundiéndose de lleno en la aspereza por la lucha de la vida, arriesgándolo todo para obtenerlo todo.

No queremos decir en esto que estemos en contra de las actuales libertades de la mujer. Las hemos propiciado siempre, creyendo que, al concederlas, se procedía con inteligencia y penetración del cambiante minuto presente.

Pero, nos ha parecido esto una inteligencia inútil.

Nos explicamos: opinaríamos que nuestra civilización está como un organismo gravemente enfermo al que se le están aplicando distintas inyecciones. Sin inyecciones se muere; con inyecciones se muere igualmente, pero cree que vive.

El problema femenino, resuelto de la mediocre manera actual, permitiendo una que otra libertad a la mujer de orden moral, civil o político, vendría a ser una de las tantas inyecciones alentadoras.

No negaríamos jamás esta inyección por una interpretación demasiado humana de la vida, pero tendríamos la clara conciencia de que no se trata de un caso curable por esta inyección, sino de un mortal problema del cuerpo cansado, que quiere disgregarse totalmente para tomar luego nuevas fuerzas.

Tao Lao[*]

---

[*] Storni firmaba muchas de sus crónicas con este seudónimo. (*N. de la E.*)

A propósito de las incapacidades relativas de la mujer

10 de octubre de 1919

Heme embarcada de nuevo en este tema, bien burgués, bien moderado por cierto; incapaz, por ahora, de hacer descolgar la luna del firmamento que, un poco vieja y desdentada, sigue rodeando a la tierra sin saber que existe un país, el nuestro, donde entre muchas cosas raras existen unos códigos —fantasmas, misteriosos, que, como cosas sagradas, permanecen impenetrables desde hace varias décadas.

Estos códigos, con sus disposiciones fósiles, hacen recordar cierto curioso hecho leído en uno de los tantos ratos de aburrimiento por que se atraviesa en la vida.

En tiempos de los últimos reyes de Francia (no recuerdo cuál) paseando por uno de los jardines palaciegos, observó un cortesano que, día a día, un hombre, parado en un mismo sitio, hacía guardia a algo, para él invisible.

Picado en su curiosidad, interrogó al hombre, recibiendo esta respuesta:

—Señor, hace años, en este sitio hubo un banco, al cual, en un día equis, le dieron una mano de pintura.

»Para evitar que las personas que por este jardín paseaban pudieran sentarse descuidadas, manchándose los trajes, se me dio orden de permanecer de guardia y dar voz de alerta.

»Pues bien, el banco se secó, y luego fui retirado de aquí, pero como nadie ha levantado mi consigna hace años que día a día hago guardia en este sitio.

De nuestros códigos podría decirse algo parecido, es decir, que hace años se dictaron resoluciones muy oportunas pero que, como el hombre de esta anécdota, están haciendo guardia a estados sociales desaparecidos.

El código penal, por ejemplo, está lleno de aberraciones inspiradas en un concepto dogmático del delito, concepto anquilosado que no consulta para nada la inquietud espiritual de nuestros días, las nuevas maneras de entender la naturaleza humana, los más modernos principios éticos y filosóficos.

El código civil, por su parte, consigna una inferioridad moral de la mujer bien molesta, aun cuando sólo la afecte en detalles.

El hecho de que la mujer no puede ser testigo en los instrumentos públicos probaría que se la sospecha incapaz de una autodisciplina severa, de un acto acabado de lealtad.

Verdad es que a veces la mujer peca del dulce defecto de zarandear a diestra y siniestra el rosado apéndice que las estrellas le han puesto en la boca para que encante la vida con sus deliciosas tonterías y sonoras risas, pero justo es reconocer que cuando este bello y ligero ángel es tocado por el entendimiento superior de las cosas, cuando se da a ejercitar toda la responsabilidad, el rojo apéndice se limita, se contiene, y palabras sensatas reemplazan el susurrante parloteo con que nos aturden las gentiles cabecitas huecas.

Aquí no hay más que una pequeña diferencia y es ésta: que hace algunos años, cuando los hombres envueltos en lúgubres sacos negros intervenían con su influencia directa e indirecta en el espíritu de los legisladores, se sospecharon éstos una cosa realizable; en parte ya realizada: la transformación de la mujer en un ser más útil, más responsable, más comprensivo, más severo. Y en todas formas, en el concepto público y privado, en la sanción social y en la letra de la ley nos castigaron, ¡oh mujeres!, por culpa de aquella Eva indecente y mal criada que no sabemos todavía qué cosas terribles ha tramado debajo del célebre árbol bíblico.

Bien, pues; nos declararon incapaces para ser testigos en los instrumentos públicos, para administrar nuestros bienes siendo casadas, aun cuando estos bienes fueran heredados, y así pasamos del papá al esposo buscando el «ardid» para vencer la letra de la ley.

Pero nada más que incapaces para estas, en realidad, pobres cosas materiales; nada más que incapaces para trabajar por nuestra cuenta, tener una libreta de ahorros, ser escribano público (una cosa que, por lo visto, debe ser muy grave y requerir alguna honestidad privilegiada), ser tutora de nuestros hermanos menores o sobrinos, etc.; nada más, vuelvo a decir, que para determinadas cosas que atañen a la vida inferior de nuestro ser.

Ay de nosotras, en cambio, si no fuéramos capaces de administrar algo mucho más importante que nuestros bienes: nuestra conciencia, nuestra vida íntima, nuestra persona toda, el conjunto de cosas que los hombres llaman nuestro honor.

Entonces nuestra incapacidad no existe. Para administrar, si así puede llamarse, nuestros sentimientos se nos supone toda la capacidad; en este sentido nos creen más capaces que el hombre puesto que, a mayor conciencia del delito corresponde mayor castigo, y todo castigo, en las fallas de esta administración, cae sobre la mujer.

A propósito de esto dice Bourget: «Uno de los cinismos más singulares del hombre consiste en pretender que la falta cometida por la mujer, es peor que la suya, porque la de aquélla puede tener consecuencias de procreación, como si de esta procreación no fuera él su causante».

Pero ¿a qué seguir escribiendo? Voy a ponerme a levantar montañas y se me van a quebrar los brazos.

Cuando una mujer echa su alma afuera y no tiene miedo a la verdad y dice lo que todas las demás piensan, pero callan, caen sobre ella los veinte siglos acumulados de un hermoso pensamiento que los hombres han torcido, enmarañado, explotado: el cristianismo.

Los hombres más claros, las mujeres más inteligentes no pueden substraerse a ciertas ideas, principios, orientaciones, sobre los que tienen construida su íntima naturaleza, y de los que están impregnados la literatura, el ambiente, las artes todas.

Estas simples incapacidades que la ley consigna destiñen sobre las cosas.

¿Las borrará nuestro Congreso?

¿Harán nuestros legisladores honor a la mujer argentina, a quien tanto ensalzan, suprimiendo del viejo código las palabras que la deprimen?

¿Querrán así empezar a destruir un prejuicio no digno de la América libre?

Y aparte de la ley ¿podrán los hombres de hoy ayudar de buena manera a la transformación de la mujer?

Acaso pueda hacerlo, únicamente, quien recuerde con dulzura que es hijo de una mujer, que su esposa es una mujer, que sus hijos pueden ser mujeres.

Ambos sexos debiéramos marchar unidos en la vida, unidos de bella manera. No se trata de competencia de sexo a sexo. No se trata de rivalidad intelectual e industrial.

Se trata de ponerse en la verdad sirviéndose, para ello, de los elementos espirituales que la civilización ha dado al hombre.

La mujer y el hombre han nacido libres.

Frente a la naturaleza pura ellos son dos seres complementarios cuyo objeto es perpetuarse y que son, por igual, responsables e irresponsables —si alguno de ustedes quiere aguzar el sentido filosófico de la vida— de los hijos que engendran.

Esta igualdad que le ha sido quitada a la mujer, por circunstancias largas de enumerar, le debe ser devuelta en buena forma, en dulce forma, y por el hombre mismo. Con dulzura, no me canso de repetirlo, con entendimiento y afecto humano.

¿Quién no ha oído por las calles decir frases groseras a una mujer próxima a ser madre?

Esta horrible malicia que el muchachote pone en su frase obscena me ha herido al escucharla dirigida a una mujer, en forma realmente violenta. Es que esa frase es nuestra época. Ah, no pasamos todavía de ser un sexo al que vivimos permanentemente atadas, deprimidas.

Las mujeres que entendemos esto, que sentimos la vergüenza de esto ¿cómo no hemos de querer que la vida de nuestro espíritu ocupe un plano luminoso y que se nos olvide, lo más que sea posible, en toda esa cosa turbia, dislocada, contradictoria, cruel, que hace de la mujer el ídolo y el demonio, la causa de todas las locuras masculinas y todos sus desprecios?

Claro está que aspiramos a ser la amiga del esposo, su más íntima amiga, la que comparta con él todas las responsabilidades de la familia, capaz de hacerse cargo de los hijos si él desaparece. Esta desigualdad actual con que la ley afecta a los dos componentes de la familia no sólo perjudica a la mujer, perjudica al hombre en sus hijos, favoreciendo en ella la tendencia al ocio, a la vida social, a la frivolidad, y en él la codicia, la falsa autoridad, la disipación.

Hay que dar a la mujer toda la libertad económica posible, facilitándole el acceso a todo trabajo lícito para liberarla de la mala vida.

Hay que borrar el absurdo prejuicio que desprecia a la mujer que es madre, fuera de la ley.

Hay que borrarlo siquiera por interés social, por patriotismo, por humanidad; hay que borrarlo en nombre del hijo, que es un ser de quien la sociedad ignora lo que puede recibir; hay que borrarlo para que éste ser pueda ser educado libremente por la madre, sin trabarle la vida económica, señalándola vergonzosamente, obligándola con frecuencia al crimen.

Amigas mías: aires nuevos pasan por el mundo. Bello es abrir los pulmones al aire oxigenado, llenarse el pecho de perfume, mirar la vida con claridad desde los planos superiores del pensamiento; la honestidad es una cosa íntima e intangible; ni la ley la aprisiona, ni el concepto público, por vil que sea, la destruye.

El concepto público sólo podrá hacer una víctima más; basta de víctimas; estamos hartos de víctimas. Piedad queremos.

Hay una gran piedad en el fondo de cada ser; lo que cuenta, lo que es difícil, es levantar las pesadas capas con que esa piedad se cubre. Lo que no siempre se puede hacer es llegarse al alma desnuda del hombre, despertarlo de su mal sueño, decirle dolorosamente y en voz baja: mírate; te crees libre y estás cargado como un pobre esclavo. Estas cadenas que no ves pero que arrastras son las ideas inútiles con que otros hombres te mantienen; esta sed insaciable que te mantiene a ras de tierra, tu egoísmo, que es tu mayor torpeza; este paño negro que te venda los ojos, tu cobardía, que te impide ponerte frente a la verdad y despojarte de un golpe de tanta pesada armadura bajo la que mueres, pequeño y vulgar.

A esta maltrecha vida, tan bella en su idealidad, tan enorme en maravillas, tan rápida en su curso no hay que entenebrecerla; piedad, comprensión, tolerancia, igualdad, amor; he aquí la primavera espiritual que debiera llenarnos el camino de rosas.

¿Quién no ha pensado que no somos más que la llama pequeña que el viento apaga, que la gota minúscula que la tierra traga, que el relámpago luminoso que la tormenta consume?

¿Quién no ha pensado que todas nuestras tragedias no valen ante la naturaleza más que el peñasco insensible que se derrumba, o la tierra inconsciente que se agrieta?

¿Quién, en una noche límpida, con los ojos clavados en el cielo, no ha sentido descender a un corazón una gran piedad humana, una lástima profunda por todo lo que vive?

¿Quién no ha sospechado que detrás de lo que sus ojos alcanzaban, un conglomerado inmenso de mundos, de seres, de vidas invisibles, misteriosas, eternas, hervía en el infinito?

Y quien ha pensado esto, y quien lo ha sentido ¿no bajó de golpe a la vida material de los hombres, como a un pozo donde el oxígeno falta, como a una cárcel estrecha y miserable?

¿No sintió acaso deseos de entrarse a los códigos espada en mano y tajear, como un ángel vengador, todas las monstruosidades que los prejuicios humanos han acumulado en ciertas leyes?

Mientras más se eleve el hombre en la concepción general del universo, en la alta filosofía de la harmonía cósmica, más convencido estará de la necesidad de revolucionar las cosas de aquí abajo.

Y a mí, como mujer, la mujer me interesa principalmente ya que ésta viene soportando una sanción artificial que la ha señalado casi siempre como la prueba viva del deshonor, la fuente malsana del pecado, y el individuo zoológico que soporta, en determinados casos, la maternidad como una vergüenza.

Por algo hay que empezar: la expresión de las incapacidades legales que afectan a la mujer ya es un paso; nuestra voz debe llegar hasta el Congreso, donde están quienes nos representan, y exigir con la entereza y tranquilidad con que saben hacerlo los pueblos dignos esta primera prueba de que la civilización es un hecho, esta sanción de la ley, que ya tendería, en lo que abarca, a devolver a la mujer su condición primitiva de ser nacido libre y, sobre todo, muy capaz de hondas noblezas, de extremas dulzuras, de férreas disciplinas como lo han probado siempre que se les ha hablado en serio, que se ha creído en ellas, como lo han demostrado en los momentos más amargos que los hombres sufrieron.

Ojalá entiendan, quienes pueden, cómo sería de dulce entre los humanos toda la justicia.

ALFONSINA STORNI

El amor y la mujer

22 de agosto de 1920

Empiezo este artículo con el paraguas abierto... Pero os ruego, oh divinas, que no hagáis llover sobre mí otra cosa que flores.

En tal caso el paraguas se dará vuelta y las recogerá; muchas gracias.

Ya estoy con vuestras flores sobre las manos, y gratamente embriagado por su perfume puedo hablar del amor, y de vosotras, y de cómo lo concebís.

Regocijáis, por lo pronto, de ser todavía las celosas vestales del romanticismo. (Es muy lindo ser vestal, el tul blanco cae divinamente y lame el rosado pie, con delicada gracia).

Vuestra imaginación se interpone así entre la realidad y el sueño como un elástico de poderosa resistencia que apaga y suaviza los choques.

¿Más flores? Gracias de nuevo. ¿Qué es el amor, divinas?

Descendamos desde el dorado romanticismo en que estábamos a un cínico; después de todo el salto no es tan brusco. El cínico suele ser un romántico desesperado; una especie de trovador medieval que estaba cantando sus estrofas a su blanca amada, al suave fulgor de la blanca luna, y lo corrieron los perros.

Este cínico, romántico corrido, os diría: «El amor es la trampa que el universo tiende a los seres vivientes para engañarlos y obligarlos a perpetuarse».

Ascendamos desde un cínico hasta un filósofo y abramos los oídos: «El amor es, como todo lo existente, un aspecto relativo y visible de lo absoluto invisible; por lo tanto, toda definición sería falsa». (Enterados, ¡oh!).

Un escéptico diría... (No, no se puede repetir qué diría un escéptico: algunos ingleses lo han definido de una manera terrible).

Un espiritualista sentenciaría que «el amor es la porción divina que separa al hombre de la bestia».

Y un lírico habría de afirmar que «el amor es el estado espiritual que tiende a procurar la felicidad de otro ser, con olvido absoluto de sí mismo».

Y a este paso, en la gran cacerola de las definiciones (imagen modernista), cada uno intentaría meter su cucharada y acabaríamos por no saber nada del amor.

Pero allí están, han estado siempre las mujeres para impedirlo.

Ellas han dicho desde antiguo la última palabra en amor: es decir, que el amor debe vivirse y no comentarse; con la ventaja de que, para dar a entender esto, ni siquiera emplearon palabras, se valieron de los hechos.

Con lo que las mujeres van a resultar los verdaderos filósofos, pues, al fin de cuentas, la suprema filosofía consiste en destruir la filosofía con la vida.

¿Nuevas flores? ¡Gracias, gracias, muchas gracias!

Pero ahora viene lo triste: malas lenguas, quiero decir, malas plumas, afirman que resultáis, mujeres, los supremos filósofos por casualidad, así como quieren decir por ahí que Hernández, el autor de *Martín Fierro*, resultó genio por casualidad;

esto es, sin la intervención del albedrío, de la propia razón; por simple concurrencia de fenómenos y circunstancias ajenas a la voluntad.

Se dice contra vosotras que quedáis aferradas a la vida, deshaciendo con la vida toda filosofía, defendiendo el amor con ferocidad instintiva, adorándolo como razón principal de la existencia, embelleciéndolo, adornándolo y magnificándolo con la imaginación, deseándolo ardiente y enorme, avasallante y ciego, por incapacidad intelectual para la vida desde afuera en su justo equilibrio, y remontaros así a la razón fría y al pensamiento austero y prevenir la realidad, que según aquellas malas plumas, es cosa diferente a lo que la pasión femenina desea.

Así, comparan la condición voluptuosa de la mujer a la de ciertas razas inferiores que viven solamente para amar y satisfacer sus pasiones, y hasta pretenden que el alto sentimiento de la maternidad es instinto puro.

Con lo que resultáis, nada menos, que el lastre de la humanidad, la fuente, el pozo sentimental y básico en que el hombre cae, y se renueva después de haberse apartado de la vida, volando por las altas regiones del pensamiento, desde donde vuelve, después de largas incursiones, y según testigos oculares, con un gran frío y como un pollito mojado, a buscar en la mujer el calor santo de la tierra, la vida misma.

Y no digáis ahora que no os he vengado del razonamiento masculino, pues vosotras, apegadas a la tierra, nunca tenéis la desgracia de parecer un pollito mojado.

Pareceréis cualquier otra cosa, hasta un plumero invertido si lleváis un gran sombrero y la falda estrecha, pero eso de pollito mojado es una silueta que sólo cuadra al hombre después de una excursión por los altos cielos de la idea...

Y cierro el paraguas, pues, por si aún permanecierais en

enojo conmigo, os declaro ahora que no os temo enojadas, sino mansas y suaves.

Una dulce canción inglesa dice: «Yo tengo miedo de un beso»...

Tao Lao

Sobre el matrimonio

La Nota, 15 de agosto de 1919

Cuando la mujer se casa, como cuando el inexperto estudiante gana su flamante diploma, cree que allí ha terminado una etapa de su vida, cuando, en realidad, la etapa empieza.

En efecto: nada más sencillo que una mutua simpatía que crece hasta el amor y se encamina al matrimonio.

Pero lo que constituye asunto importante, tan importante que de él depende la estabilidad de la familia, es conservar al marido ganado en las escaramuzas del noviazgo.

Y a este respecto la mujer es de una profunda ingenuidad.

Las jóvenes que no han pasado los veinticinco años, imaginan por lo general que el matrimonio es una prolongación intensificada del noviazgo, adornada con bellos ramos de flores y endulzada con gruesas cajas de chocolatines.

Si se habla con una joven del fracaso matrimonial de otra, opina generalmente: es que no se querían; si se quisieran todo lo hubieran soportado.

He podido comprobar que, al amor, le dan, las muchachas, una fuerza terrible, capaz de resistir todos los contratiempos y mantenerse en el mismo estado de inmutabilidad y firmeza. Imaginan el amor separado de las cosas, como un sentimiento extraño a las tramas vulgares de la vida: como una especie de luz divina inmanente de las cosas no tangibles.

Y de aquí parten la mayoría de las desilusiones precoces y de los matrimonios derrumbados.

Si lograra entender, a tiempo, la mujer casadera, que el amor nace, se alimenta y profundiza de cosas y más cosas; que está en ellas pronto a resplandecer y a divinizarse, que sabe elevarse por sobre ellas en magníficos ímpetus de idealidad, pero que, a las cosas vuelve muy a menudo, para buscar puntos de apoyo, habrá matado, con alguna precipitación su romanticismo, pero entraría a la vida con pie mucho más firme y más capacitadas para ponerse frente al alma del compañero en actitud de prudente respeto.

Luego difícilmente entiende la joven que la personalidad no puede ser avasallada.

Imagina que el alma de su marido va a fundirse en la suya; que sus intereses, como sus almas, también van a fundirse; que el amor va a hacer el milagro de hacerles desear las mismas cosas y preferir las mismas diversiones, y adquirir idénticos hábitos.

Cuando los primeros choques se producen la incapacidad de entender lo natural de estos choques provoca la ofensa. La duda se inicia: «Es que no me quiere», piensa la mujer.

Y por otra parte, nunca entiende aquélla íntimamente, la naturaleza masculina.

Algunas veces gente amiga me ha preguntado:

—Y usted, ¿por qué no se casa?

Y he contestado: «Me doy cuenta perfecta que una sola mujer, no es, nunca, el ideal completo de un hombre. Esta seguridad, restaría a mi matrimonio toda su ilusión».

Por el contrario de lo que yo pienso, infinidad de mujeres creen haber enmudecido, en el hombre que aman, todo otro fervor. La fidelidad, supuesta, de éste, es una de sus más grandes golosinas espirituales. Prejuzgan en sí cualidades que las demás mujeres no tienen y, pura su desgracia, confían demasiado en sus encantos físicos.

Todas estas pequeñas grandes cegueras conspiran para que la mujer no tenga una habilidad muy refinada para conservar a su marido.

La lágrima, como primer resultado de su impotencia cerebral agranda dificultades; los nervios, con sus bulliciosas manifestaciones, la intolerancia del carácter, las deficiencias de la educación moral, la falta frecuente de altas finalidades donde asentar el objeto de la vida, se dejan deslizar día a día, y a los cinco años de matrimonio, en la mayoría de los casos, el fuego del altar está apagado; y el hábito, los hijos, la costumbre o la indiferencia lo reemplazan resignadamente.

Contadas son las mujeres que van al matrimonio con la conciencia de que deben realizar una conquista difícil.

La mujer que así procede, si no es una fría calculadora, si es, solamente, una inteligencia sagaz que ha comprendido que debe amoldar al hombre a una nueva vida y que en sus manos está la mayor parte de la tarea, puede tener la seguridad de conseguir, para su hogar, toda serie de beneficios espirituales y materiales.

Conozco un caso: se trata de dos personas jóvenes, ambos en buena posición económica y dotados de muy bellas condiciones morales.

Oponíanse los padres de la joven al casamiento, pues tenía, él, fama de muchacho andariego, a pesar de sus muchas otras buenas cualidades.

Después de una seria lucha en la que intervinieron parientes y amigos, los padres de ella consintieron y la boda se efectuó.

Mientras tanto, la negativa de los padres, las diversas investigaciones que aquellos hicieron para justificar la tendencia amatoria del novio, hicieron nacer en la muchacha un sentimiento de amor propio, bien encaminado, y, se propuso encarrilarlo; compromiso que contrajo ante sus padres, afrontando toda la responsabilidad de su posible desgracia conyugal.

Y empezó a tender la tela de invisibles hilos...

Los primeros días de matrimonio todo fue miel sobre hojuelas; después empezó él a salir de noche con frecuencia.

Cada vez que lo hacía, ella, según su propia confesión, con la mayor alegría y buen humor, lo ayudaba en su toilette... la mejor corbata, los más finos pañuelos... luego, lo acompañaba hasta la puerta, llena de mimos y exquisiteces y cuando él se había alejado, se encerraba a llorar desesperada.

Pero bien pronto el achaque pasaba y como si no sospechara de él, lo esperaba hasta la media noche, hasta la una, hasta las dos...

Un té caliente y reconfortante, la alcoba perfumada y tibia, la mujercita alegre y jovial... y a los seis meses de esta táctica, con alternativas de matices, ella debía insinuarle que saliera, y a los tres años de casados, del muchacho andariego no queda más que un marido enamoradísimo y prudente, que, si no ha perdido del todo su idiosincrasia, la ha limitado tan sagazmente, que la felicidad se ha asentado en su casa.

En su deseo de acostumbrarlo a amar su hogar, a encontrar allí todas las alegrías y los atractivos, hizo ella cosas audaces: llegó a invitar para reuniones amenas a chicas amigas que sabía le habían gustado antes de su noviazgo.

—¡Los sustos que he pasado! —comenta, relatando a sus íntimas las peripecias de su conquista—. Y todavía no estoy segura —suele agregar con un poco de vanidad, lógica, después de todo.

Sería de gran ventaja para la mujer que se casa que fuera siempre al matrimonio en la certeza de que va a librar una batalla con un posible enemigo.

Y no creo ser audaz en este concepto.

Bien visto, todo ser está dispuesto, siempre, a ser enemigo de otro.

Si las dos personalidades que están destinadas a marchar en la vida como el engranaje y la rueda no logran amoldarse a sus formas precisas, la repulsión debe producirse.

Y si se es enemigo del que pasa, del que nada hemos esperado, ¡cómo no se ha de ser enemigo del que lo hemos esperado todo!

Y qué mezcla horrible, la de esta enemistad del alma y la promiscuidad de la materia, en nombre de la costumbre, del hábito, del todo eso burgués que falto de alto sentido moral, aunque moral quiera verlo la vida chata y estulta que nos rodea.

Concibo el matrimonio como una alta institución del espíritu, cuyo único vínculo positivo es el fino amor, el hondo amor, el respeto profundo, la tolerancia delicada.

Pero a mi alrededor he visto siempre pobres cosas, tristes negocios, incomprensión, ignorancia.

ALFONSINA STORNI

La madre

La Nación, 11 de julio de 1920

Esto que voy a referir no es un cuento; apenas si constituye el relato de un hecho simplísimo, común. Les ocurre con frecuencia a los individuos que el menor detalle, la más insignificante observación, recogidos en circunstancias dadas, adelantan su evolución espiritual de golpe. Haciéndole comprender cosas y pensamientos que estaban en su mundo subconsciente, desde varios años, como madurando.

Esos hechos son a modo de nudos practicados en el hilo íntimo de aquella evolución espiritual, y el recuerdo tropieza continuamente con ellos.

Pues es el caso que tenía yo una prima a la que llamaremos Enriqueta, si nadie se opone.

Enriqueta, mi prima, era la muchacha más fría del mundo: ojos claros, tan claros que parecían perderse en la luz; pequeña nariz fina, labios que eran apenas una línea rosada.

No se sabía si era o no inteligente, pues no hablaba ni opinaba nunca.

Todo estaba para ella bien hecho y, cuando algo parecíale mal, su opinión se hacía sentir en la acción y no en la palabra.

En la escuela fue como otros tantos; un cerebro que recibe lo que otro da: fácil negocio…

Así, pues, Enriqueta vivía como al margen de la casa, sin estorbar, sin presionar, sin dar ni pedir.

En cambio, yo era como una lámpara demasiado viva y monopolizaba el espacio casero, saltado aquí, diciendo un verso por allá, revolviendo opiniones, aturdiendo a preguntas, inventado mentiras novelescas; siempre andaba yo, por culpa de mi imaginación traviesa e inventora con cuentas atrasadas que saldar.

La familia había convenido que yo era la gloria de la casa y llevaba mi cargo con cierta dignidad protocolar.

Es verdad que en aquel tiempo imaginaba que la gloria era cosa tan solemne y pesada que para evitar que el cuello se quebrara en un descuido, al soportarla, era menester llevarlo erguido, tieso; más o menos, como suelen hacerlo esas habilísimas mujeres que se ponen sobre la cabeza un gran atado de ropa y se balancean pacientemente para mantenerlo en equilibrio.

Enriqueta era, dentro de la casa, una valla opuesta a mi torrente; suerte de orilla que mira pasar el agua indiferente, y la limita sin esfuerzo.

Nos queríamos sin entendernos, acaso con mutua bondad, pero yo la querellaba continuamente.

Una mañana en que la vi saltar de la cama con gran agilidad, sufrí como una sorpresa.

Reí de ella en grande, aconsejándole con la superioridad que me daba la consideración de toda la familia nuestra, que se ejercitara en el salto, todos los momentos, pues un día de estos, al querer levantarse se encontraría con que sus piernas no articulaban ya, transformadas en piedra.

Debo prevenir que ya comenzaba yo mis pinitos literarios y abusaba de la imagen y la comparación escuchándome satisfecha.

¡Aquella rara prima mía vio morir a su padre sin derramar una lágrima...! Vamos: tonta, fría y hasta mala.

Estuvimos luego separadas más de siete años.

Cuando la vida nos acercó de nuevo supe que se había casado... ¿con quién? Tuve la sensación de que su marido sería, muy alto y muy flaco y me extrañó grandemente que se hubiera casado y sobre todo tuviera ya cuatro chicos.

Fui a verla.

Me recibió con su imperceptible risa de siempre; un beso en la mejilla más liviano que el roce de un tul; me mostró su casa con pocas palabras; me presentó a su marido, que no era ni alto, ni flaco, ni pálido.

Su niña mayor tenía aproximadamente seis años. ¡Qué espléndida criatura! Acaso nunca la vi más bella: los ojos vivísimos, negros y profundos, contrastaban con el cabello rubio, caído en grandes tirabuzones; las carnes rosadas y firmes, pujaban por vencer la piel en una potencia vital asombrosa... ¡Y era tan dulce...! Me enamoré de la criatura: repetía a mi prima a cada instante: no se parece nada a ti; la has robado; la cigüeña que te la trajo no trató contigo.

En cambio, el hijito segundo era de lo más feo y desabrido que imaginar se pueda: muy roja la cara, los ojos azules y redondos como dos bolitas de vidrio; desviaba la mirada; casi blanco el cabello a fuerza de ser rubio, y hosco y reconcentrado como la madre.

Huyó de mí cuantas veces quise acercármele.

Los más pequeños me interesaron poco.

Cuando me retiré de la casa, y al recordarla en conjunto, se me aparecía como una sombra que destacara una luz fascinante: la hermosa criatura aquella... La mayorcita... Los demás, incluso mi prima, no me habían tocado el corazón.

Volví a la casa, cargada de paquetes, una y varias veces,

Cuando entraba los chicos me recibían gritando alegremente: ¡la tía! ¡la tía! Pero la tía daba un tirón de orejas a éste, un beso a aquél, y poniendo sobre las faldas a la criatura maravillosa, le enseñaba versos, le acariciaba el cabello y le besaba la punta de las uñas.

Fue así como una tarde, mientras la criatura, como los gatos mimados, hacíase un ovillo en mi falda, el niño de los ojos redondos y el rubio cabello como estopa sentóse en un rincón de la habitación y con los ojos fijos y muy abiertos miró a su hermana en mis brazos...

Y yo, al contemplarlo inmóvil cono una pequeña estatua, hosco y huraño como siempre, razonaba con mi clara inteligencia, con mi perspicacia de observación: está hecho de la misma piedra que la madre; allí se está quieto sin que un solo músculo de la cara se le mueva... Las bolitas de sus ojos como su alma... Hielo puro.

Fue entonces cuando mi prima se me acercó, y en voz baja, rápidamente como si las palabras se le escaparan, me dijo:

—Pobrecito; está mirando a su hermana en tu falda como una golosina; porque es tan feo y defectuoso, ¡no lo acaricias nunca!

No podría expresar cómo fueron dichas estas palabras: gráficamente las representaría por una línea muy fina quebrada en ángulos.

Recuerdo ahora que la sangre me acaloró el rostro como si me hubieran sorprendido hurtando.

La vergüenza horrible, la vergüenza de no entender un sentimiento claro que estaba ante mis ojos ciegos, me estrujó el corazón.

Y aquella frase certera, precisa, que descubría la verdad mía y la del niño, me tuvieron como un instante anonadada.

Luego, de un salto estuve al lado de la criatura: le cubrí de besos los ojos torcidos y los cabellos ásperos y las manos rojas con desesperación…

Sí, yo era muy inteligente, muy perspicaz; decía muy bien los versos, pero el corazón humilde e instintivo de mi prima había entendido, y sin falla, mucho más que yo.

Desde entonces mis ideas sobre la inteligencia humana han cambiado mucho.

Alfonsina Storni

Las poetisas americanas

La Nota, 18 de julio de 1919

En nuestro continente la poesía se parece a la vegetación tropical: si no muy útil, si no muy sobria, es abundosa y desaliñada, rica en ramas y hojas y preparando, claro está, algún fruto.

Esto es en la poesía, que es la rama de las letras cultivadas con más éxito por la juventud pensante del continente: otras ramas están a medio regar todavía, aunque algunos brotes aislados apuntan.

Y hay razones para que así sea: una poesía se hace en un momento dado, se la pule luego, si se la pule, y el trabajo está terminado. La novela, el drama, exigen ya una dedicación constante, un trabajo de conjunto, una disciplina mental más severa, y el ambiente no está para eso: se vive a saltos, se adquiere una cultura liviana, se distribuye la vida en distintas solicitaciones amenas, y el cerebro se unta de pereza y se rebela ante trabajos de aliento para los cuales tampoco hay estímulo.

En mujeres y hombres acontece ello; más visiblemente aún, en mujeres que en hombres.

De las que escriben o escribieron en el continente, las que han tenido, hasta ahora, resonancia en estas tierras y en España han sido las que lo han hecho en verso, nos referimos a algunas, por cierto.

Empezaremos por el Uruguay: tiene éste a Delmira Agustini, tan ampliamente difundida y comentada como poco comprendida.

Delmira Agustini, con toda la apariencia verbal de una fuerte sensualidad femenina, es profundamente espiritualista:

> *Ah, tu cabeza me asustó. Fluía*
> *de ella toda la vida, parecía*
> *no sé qué mundo anónimo y nocturno.*

Dice la magnífica poetisa en un hondo pensamiento, que es la consecuencia de una conmoción espiritual. La sensualidad pura no podría dictarle jamás estos versos nacidos de una contemplación pastoral, depurada a través de las más finas mallas que pudiera tener un alma femenina.

Y esta frase:

Mi alma es frente a tu alma, como el mar frente al cielo.

Y esta otra:

> *Ah, los cuerpos cedieron, mas las almas trenzadas*
> *son el más intrincado nudo que nunca fue...*

Y tantas otras, y toda su obra que expresa una naturaleza vigorosa y profunda, pero cuya finalidad es sorprender el espíritu, aislado a través de la materia.

En la misma vecina República están María Eugenia Vaz Ferreira, de temple masculino y fuerte cerebración, y Luisa Luisi, que hace versos dulces y sentidos, aunque su actividad mental halle campos más propicios en la crítica y en trabajos metodológicos.

Y finalmente acaba de surgir Juana de Ibarbourou que publica su primer libro de versos, *Las lenguas de diamante*. La prologa Manuel Gálvez que, si no acierta en todo lo que dice, le rinde justicia y la señala al continente como una revelación.

He aquí una de sus más características composiciones.

Fugitiva

Glotona por las moras tempraneras
es noche cuando torno a la alquería
cansada de ambular durante el día
por la selva en procura de moreras.

Radiante, satisfecha y despeinada,
con un gajo de aromo en la cabeza,
parezco una morena satiresa
por la senda de acacias extraviadas.

Mas me asalta el temor ardiente y vivo
de que me siga un fauno en la penumbra
tan cerca que mi oído ya columbra
el eco de su paso fugitivo.

Y huyo corriendo palpitante y loca
de miedo, pues tan próximo parece
que mi gajo de aromo se estremece
rozado por las barbas de su boca.

Sigue Chile, con Gabriela Mistral que no ha publicado aún ningún libro, lo que nos impide completar juicio sobre ella. Por lo que suelto hemos leído la ubicamos en primera línea también.

En Chile están, con la Mistral, Sara Hubner, de la que tampoco conocemos más que alguna cosa aislada; Aída Moreno Lagos, que me ha honrado espontáneamente con su amistad y de la que poseo manuscritos, exquisitos y dulces versos; se de otras aún, cuyos nombres he visto comentados pero cuya obra no he tenido oportunidad de conocer.

Y llegamos a nosotros ¿por qué no?

La modestia nuestra no ha de ser tanta que nos prohíba hablar de las argentinas.

Está Delfina Bunge de Gálvez, que se aparta de todas las demás porque escribe en francés y por ser espíritu cristiano militante.

Delfina Bunge de Gálvez es indudablemente un espíritu sutilísimo, hondo; el perfume que desprenden sus versos aquieta tempestades, dulcifica dolores; en *Simplement* y en *La nouvelle Maison*,* sus dos libros de poesía, el alma de un poeta íntimo nos conmueve y nos sustrae al ruido bullanguero de las calles; entramos con ella al templo, y paganos sentimentales, sabemos arrodillarnos, sino ante su Dios, ante su alma sensitiva, transparente.

De ella hemos traducido algo que aquí reproducimos:

Insomnio

La ciudad en silencio ya reposa dormida,
yo sola estoy despierta, por qué, por qué ¡oh vida!

---

* El libro al que alude la autora en realidad se llamaba *La nouvelle moisson*, Cooperativa Editorial Buenos Aires, 1918. *(N. de la E.)*

Oh, luna que te dices mi hermana; depón
entonces, tus consuelos sobre mi corazón.

¡Pero qué!... No me escuchas y tu amarilla cara
escondes en la nube más sombría y más rara.

El viento como un alma huye, desaparece;
nada siento en la noche; ni una hoja se mece.

Oh silencio de tumba, oh silencio que aterra...
¿por qué llenas de luto la desolada tierra?

Ruidos... escucho... Un perro escuálido que ahora
en la sombra nocturna, sin porqué, llora y llora...

Oh yo quiero pensar, saber, y no sé nada,
¿por qué llora ese perro en la noche enlutada?

Yo no sé qué dolores el pobre perro llora,
¿será acaso la Muerte? Bien puede ser la hora...

Oh, ¡el estúpido insomnio qué malo y frío es!
Ensayemos de nuevo así... uno... dos... tres...

Rosa García Costa es también un espíritu que acierta en sus expresiones en versos.

Culta, ágil en la manera de versificar; su primer libro de poesías, *La humilde canción*, fue recibido con aplausos por la crítica.

Sus estrofas, que expresan ideas elevadas, temas de belleza pura, finos sentimientos la insinuaron como una promesa; y estamos hoy a la expectativa de un libro que ha de aparecer en breve.

Quedan algunas otras: Amanda Zucchi, que se inició bellamente publicando un libro a los diez y siete años y no se ha dejado oír otra vez; y apuntan firmas precoces, aisladas, que en estos momentos están fermentando su levadura: esperaremos.

Alfonsina Storni

Las lectoras

La Nación, 17 de octubre de 1920

Hablando hace pocos días con un librero muy inteligente, nos indicó que, por lo general, en Buenos Aires la mujer selecciona moralmente sus lecturas, mucho más que el hombre.

Por de pronto, los autores que, aunque dudosos, podrían ser solicitados por las señoras y señoritas, sin mengua para su dignidad, no tienen gran número de compradoras.

Picada nuestra curiosidad, recorrimos algunas librerías indagando al respecto y he aquí el resultado de nuestra información, que, si no es absolutamente exacta, por cuanto no comprende una investigación prolija en todas las librerías de la capital, puede servir para dar una idea general sobre las lecturas que prefiere la mujer de Buenos Aires, que día a día va afinando y elevando su gusto.

Hay que descontar, claro está, de esta anotación, una cantidad enorme de mujeres que, como los hombres, leen por leer lo primero que cae a mano, sin guía alguna, y que, más que lectores, son hojeadores de revistas, folletines y novelones.

De las mujeres que podríamos considerar lectoras, con asiduidad e inteligencia, las niñas que no pasan de veintidós años y que entran a los negocios de librería generalmente acompañadas de sus mamás, agotan la literatura blanca: Ardel,

Alanic, Chantepleure, Jean de la Brète, Hugo Conway, Carlota Braemé, Henry Gréville, etc.

La poesía tiene escasas compradoras en este grupo, prefiriendo sin excepción los poetas líricos.

Las madres de estas niñas son absolutamente reacias a las indicaciones del librero y no aceptan firmas nuevas; las que entran solas frecuentemente eligen los libros por la ilustración de la tapa y el título.

Las jóvenes que pasan los veintidós años ya tienen criterio propio y son, desde luego, mucho más amplias. Entre los franceses prefieren a Paul Bourget, Pierre Loti, Colette Iver, H. Balzac, Marcelle Tinayre, Rolland, Prévost.

Entre los españoles a Martínez Sierra (enorme preferencia), Blasco Ibáñez, Pío Baroja, Ricardo León, Jacinto Benavente, Palacio Valdez, Juan Ramón Jiménez; los italianos, si exceptuamos algunos, como D'Annunzio y Farina, muy difundidos, son poco solicitados, posiblemente por ser desconocidos para el grueso público.

Anatole France y Oscar Wilde tienen escasísimas lectoras; las que compran estos autores son generalmente asiduas clientes de clásicos y de toda novedad literaria.

Hay libros cuyas ediciones son en gran parte agotadas por mujeres: *Las desencantadas*, de Pierre Loti, cuya edición en francés alcanza aproximadamente a 300.000 ejemplares, es un libro continuamente asediado por la lectora bonaerense.

La Biblioteca de *La Nación* era muy solicitada por el elemento femenino que todavía no se ha dado a leer con pasión los autores rusos más geniales y más difundidos en estos últimos años.

En general tiene gran preferencia también por la literatura mística oriental e hindú, siendo escasísimo el grupo comprador de filósofos y sociólogos.

Entre las formas de la literatura preferidas ocupa el primer puesto la novela, después el cuento, en seguida el verso y por último el teatro.

Los poetas simbólicos y místicos son muy leídos. Entre los americanos Nervo es el más solicitado, después Darío.

Una gran cantidad de mujeres tiene marcada preferencia por la literatura femenina: novela y verso.

Puede deducirse de esta rápida anotación que la lectura preferida por la mujer está bien de acuerdo con su íntima naturaleza.

Ella quiere sentir sin pensar demasiado: literatura mística, sentimental, psicológica, romántica, pasional, he aquí sus preferencias, exigiendo por lo general que la lectura hable a su imaginación, a sus sueños, a sus problemas psicológicos, más que a la razón pura.

La gran mayoría de los hombres no escapa tampoco a esta norma, pero lo que debe señalarse como característico de la lectora es que se mantiene en cierto término medio: ni asciende a la gran literatura ni desciende a la pésima, y lee evidentemente para deleitarse, entretenerse y no para saber, evitando sistemáticamente la lectura científica, aun aquella que se combina con la imaginación para producir la obra de alto vuelo fantástico, como también los autores sutilmente irónicos, satíricos y festivos.

Entre los escritores nuestros más difundidos son leídos con preferencia por mujeres Manuel Gálvez y Martínez Zuviría, sobre todo este último.

Tao Lao

Las manicuras

La Nación, 11 de abril de 1920

Cortad al hombre las manos y restaréis al cuerpo humano toda la gracia terminal y la sutilidad de su infinita armonía.

Las manos son al cuerpo como los pequeños brotes elegantes a las gruesas ramas. Se diría que en estas terminales de las distintas formas que la naturaleza adopta, ésta se sutiliza como comprendiendo.

Y es que acaso la materia tenga también sus preferencias y sus aristocracias.

El tejido que forma las manos y se transparenta como una rosada porcelana en las delicadas yemas, tuvo, sin duda, allá en sus iniciales connubios con la materia informe, afinidad electiva con los pétalos delicados.

Porque no me negaréis que ser una célula de las yemas de los dedos no es lo mismo que serlo de un pesado molar. Hay oficios y oficios. Hay obreros y obreros.

Me imagino yo que los minúsculos cuerpos que forman, pongo por caso, los ojos y los dedos, han de estar así como en el jardín del cuerpo humano.

Y tomaos el trabajo de imaginar por un momento y para honra de las manicuras, que el cuerpo humano sea como una casa dividida en distintas dependencias destinadas a oficios diversos.

No me negaréis, que, a ser, ¡oh, bellas lectoras!, una minúscula célula, quisierais hallaros formando parte de los ojos y de las manos, destinados a las más exquisitas funciones humanas.

Recordad, si no, aquella frase del hosco Quiroga, quien apretando deliciosamente la mano de una dama hizo florecer su brusquedad en una sentencia galante: «El amor, señora, entra por el tacto».

Y eso que ignoro si la bella mano provocadora de galanterías había sufrido el toque mágico de una manicura, oficio grato a la mujer, acaso por afinidad con las perezas del sexo que elige de preferencia tareas que exigen poco desgaste cerebral y fácil ejecución.

Es curioso observar, por ejemplo, que la cantidad de manicuras que, a cada paso, mientras se recorren las calles céntricas, destacan sus esmaltadas e insinuantes chapas azules surcadas de grandes letras blancas, es muy superior al de las pedicuras, oficio muy avasallado por el sexo fuerte.

Aquí un malicioso espíritu tendría margen para sutiles ironías, acaso opinara que siendo más difícil a la mujer descubrir un bello pie que extender la siempre desnuda y visible mano prefiera, por natural contradicción, que un hombre pula, suavice y cuide sus rosadas plantas, mientras simplemente, entrega sus manos a los cuidados profesionales de una mujer.

Pero no he de aventurar sutilezas por no correr el riesgo de hacer difícil lo fácil, cosa que con demasiada frecuencia les ocurre a los sutiles.

Además, y tratándose de tan pedestre oficio no vale la pena correr un riesgo, pues un oculto sentido de la armonía me ha insinuado que los riesgos hay que correrlos por elevados asuntos, asuntos que, en el tren que estamos, tendrían que ser los ojos y los cabellos, los que han de merecernos capítulo aparte.

Bien haya, pues, por las manicuras que se mantienen a media elevación —obsérvese que las manos penden más o menos hasta la mitad del cuerpo— y que han sabido hallar el medio de ganar su vida con un arte que, si no iguala al de los enceguecidos artífices del Renacimiento, contribuye a la belleza exterior y al brillo de la vida —el brillo, desde luego—, y qué perfecta armonía la de este modesto y lucrativo oficio con el deseo de los defensores de la feminidad hasta en las tareas que la vida impone a la «mujer moderna».

Porque una manicura, cierto es, no necesita de gran imaginación para cumplir con sus elegantes tareas.

Le basta un poco de prolijidad, agua tibia, perfumados jabones, discreto carmín, tijeras, pinzas y ungüentos, cosas éstas entre las que las mujeres deben hallarse —según sus enemigos— como el colibrí entre rosas, pues las tijeras, pinzas y perfumados ungüentos nacieron de una sonrisa de Eva, según una mitología especial para manicuras que se escribirá algún día, el ocio mediante.

Y obsérvese además para convenir en la feminidad de este oficio, con cuáles femeninos modos se conducen sus elementos de trabajo.

El agua tibia, elemento básico, tiene propiedades emolientes, persuasivas e insinuantes.

No hay tejido que resista a su insistencia continuada: los poros se dilatan, y las expansivas moléculas los penetran poco a poco hasta que las duras cutículas ceden su rigidez.

Diez, veinte minutos, media hora de este lento trabajo del agua persuasiva, y de tímida apariencia, y ya está el terreno preparado para que entren en función las sabias pinzas, las que con la misma prudencia del agua, pero con mayor sentido electivo, escarban los puntos débiles, conforman los detalles y libran los tejidos de adversarios molestos.

Pero nada sin duda manejan las manicuras con tanta propiedad como las tijeras.

Las poseen de todos tamaños y formas: unas son finas, delgadas y puntiagudas como una indirecta; otras son arqueadas y leves como una mala intención; las hay romas y elegantes, vulgares y aristocráticas, cortas y largas, anchas y angostas, acertando así, en la perfección de los cortes, que es una de las especialidades del sexo.

Luego se ha sospechado siempre que las manicuras tuvieran un sentido especial de la vida, un sentido instintivo que tampoco requiere gran imaginación; algo así como un olfato congénito de que la debilidad humana sucumbe más fácilmente ante los cuerpos brillosos que ante la fea y tosca opacidad.

Hasta en esta comprensión es oficio de mujer el de las manicuras, y la cantidad respetable que trabajan con las bellas manos, y con singular fortuna en esta elegante ciudad americana, deben contar indudablemente con el beneplácito de los que miran con horror las tareas masculinas desempeñadas por mujeres.

Por lo que a mí respecta, si en una futura vida me cupiera en suerte transmigrar el tibio cuerpo de una gentil mujer, elegiría también este oficio blando, discreto, que realiza su tarea en el pequeño saloncito o en el perfumado «boudoir», cuando las femeninas cabelleras caen lánguidamente sobre las espaldas, y los ojos están húmedos de esperanza y un ligero temblor en los dedos descubre a los ojos extraños la inquietud deliciosa del íntimo sueño.

Porque, feliz ser, dotado de la imaginación de mi anterior vida masculina, me daría a investigar manos como quien investiga mundos.

Me embarcaría así por los surcos hondos de las palmas como por ríos sinuosos en busca de puertos reveladores.

E iría descubriendo el trabajo lento del alma en los cauces misteriosos y las maravillas de los puertos finales de esas revelaciones quirománticas.

Pero no os alarméis todavía, oh bellas mujeres que contribuís con vuestra agraciada frivolidad al bienestar económico de tantos hogares, pues la transmigración es fenómeno negado por la autoridad científica, y mi última palabra era que el oficio de manicura, oficio de mujer indispensable en nuestra gran metrópoli, requería escasa imaginación.

Tao Lao

La médica

La Nación, 18 de julio de 1920

Entre los tipos femeninos característicos de nuestro ambiente, la médica constituye uno de los más evolucionados.

Médicas son, en efecto, casi todas las mujeres que en nuestro país encabezan el movimiento de ideas femenino más radical, y médicas son las que abordan las cuestiones más escabrosas: problema sexual, trata de blancas, etc.

Esta liberalidad de ideas, ya no extraña en nuestro medio y propiciada también por un crecido grupo de otras profesionales, se ha iniciado, pues, en parte, por el conocimiento de la materia humana, por el contacto diario con su infinita miseria, que es la puerta abierta a todas las aspiraciones ideales.

Obsérvese que cuanto más el hombre se acerca a penetrar y comprender las fuentes de la vida, más crece, acaso por convicción de su impotencia, el deseo de dejar en obras ideales las huellas de sus pasos.

Con frecuencia la vanidad personal, que es la propulsora y la palanca de la acción, no es más que la burda careta humana con que se oculta a sí mismo el íntimo deseo de no morir cuando el cuerpo muere, y de multiplicar la propia personalidad en la personalidad ajena, imprimiendo en ésta sus ideas y tendencias.

Luego la médica, en virtud de sus estudios, que le abren puertas para ascender a otros superiores, era la llamada a abandonar más pronto que otras toda clase de falsos conceptos sobre la verdadera naturaleza humana, sobre las pasiones, debilidades, caídas morales, etc.; sobre todo ese obscuro mundo que tanto ha enturbiado la vida, por incomprensión sistemática de su interior mecanismo, que no es más que la falla observable continuamente en la naturaleza: ya sea planta que no da frutos, tierra que no produce, ciclón que destruye, etc.

Para apreciar el mundo moral de un sujeto, la sanción social y de costumbres, no basta ya el estudioso, como no basta a la más alta virtud del alma: la tolerancia.

Luego, para la médica, el problema es otro y mucho más amplio, y de ésta, su elasticidad ideológica, ha debido nacer su empeño por elevar el mundo moral femenino, en nombre de los más humanos principios.

Porque la gran conquista a que la mujer debe aspirar es, por sobre todas, su libertad moral.

Hace tiempo que se viene observando una evolución del pudor femenino.

Nunca se le ha exigido a la mujer tanto pudor como se le está exigiendo ahora.

El pudor de que antes se enorgullecían las mujeres era muy inferior, muy mezquino, muy a ras de tierra, porque estaba desprovisto de autocriterio y no obedecía a la libre elección.

Era, al fin, el mísero pudor del esclavo, que no roba porque sabe que si roba le aguarda la rueda que mata.

Pero el pudor que va a exigírsele ahora es ya de carácter espiritual, libre, electivo y consciente.

Es el pudor que impide la mentira, porque la mentira es pobre en esencia e indigna de un ser libre; es el pudor que impide el robo por la clara conciencia de que viola el derecho de posesión; es el pudor, en suma, que sube del instinto sometido al pensamiento y la conciencia, y mezclado al mundo espiritual aclara todos los hechos de la vida: desde el más bajo hasta el más alto.

Posiblemente nada ofenderá tanto a la mujer futura como que se diga despectivamente: «Son cosas de mujeres».

Porque esta frase lapida la honestidad intelectual de la mujer; la caracteriza como cosa blanda y sin consistencia moral ideológica.

«Cosas de mujeres» son todos esos escamoteos, aparentemente sin importancia, permitidos a la honestidad espiritual femenina sin que sufra falla esta honestidad.

Es verdad que las mujeres han llegado a su mayor edad en la vida del mundo, pero este mayorazgo trae aparejado con su libertad grandes responsabilidades.

No encontraron las mujeres ya su mundo moral hecho a fáciles recetas y deberán hacérselo, más amplio, a costa de grandes sufrimientos.

Todo esto lo entenderán, y con facilidad, un día, todas las mujeres, como ahora lo entienden las que están más cerca del dolor y de la naturaleza humanos.

Y es por eso que, en nombre del derecho de la maternidad, un pequeño grupo de mujeres pide ya la igualdad moral para ambos sexos.

Tao Lao

Los detalles; el alma

19 de septiembre de 1919

Las mujeres se visten hoy con grandes diferencias respecto de los hombres.

Mientras éstos han evolucionado hacia un traje práctico, de cierta severidad, sujeto por la moda a pequeñas variantes, los trajes femeninos permanecen estacionados, defendiendo rabiosamente las graciosas inutilidades, los detalles complicados.

Una mujer elegante de hace tres siglos no cargaba muchos adornos más que una dama moderna.

El hombre ofrece, por el contrario, en la actual manera de arreglarse, marcando diferencias: peinado, zapatos, medias, sombrero, cuellos, puños, apenas si conservan reminiscencias de la antigua coquetería masculina.

¿Y esto?

Bien sencillo.

Al referirnos a las modas pasadas nos ocupamos puramente de determinadas clases sociales, las que tenían vida propia, los libres; es decir, las clases elevadas.

Bien pues; estas clases, suprimidas las guerreras, vivían ociosas; era pues indispensable preocuparse de cualquier cosa: el atavío, la vida galante, el detalle complicado, la novedad trivial.

La simplificación del traje masculino es hijo de la democracia.

Mezcladas en cierto modo las clases sociales, repartida más equitativamente la propiedad y el trabajo, la indumentaria masculina igual, en sus formas, para todas las clases sociales, consulta una serie de necesidades de la vida moderna.

Lo probarían la cantidad de bolsillos de los trajes masculinos, bolsillos cuya cantidad nunca fue mayor en anteriores costumbres.

La mujer, en cambio, por mucho que se haya mezclado a la actividad moderna no ha perdido, todavía, ciertos aspectos, trabas, particularidades de antiguas modas.

Sea que en verdad es mucho más conservadora que el hombre, sea que las cosas menudas, ligeras, delicadas, exaltan su feminidad, sea que le agrada cubrirse, en el traje, de numerosos, complicados y frágiles velos, como por herencia se cubre el alma, sea por lo que sea, la indumentaria femenina no ha evolucionado casi nada y sigue siendo incómoda, poco higiénica y a menudo antiestética.

En ciertos pueblos avasallados por la actividad femenina se está dejando sentir, sin embargo, una transformación del vestido de la mujer.

Esto no es, por el momento, muy alarmante; no hay que asustarse.

Una elegante mujer con su traje tailleur sencillo y práctico no está, todavía, tan masculinizada, como afeminado estaba un sedoso caballero de peluca y pantalón corto, caballero que, como elegante era aceptado, y ante cuya dama un hombre vestido como en nuestros días no hubiera podido presentarse sin ser corrido a burlas.

El taco alto del zapato, por ejemplo, que mujeres y hombres han usado, es uno de los detalles del chic femenino que las mujeres han defendido más tenazmente, mientras que los hombres lo han reducido a cierta medida lógica.

Pero no siempre, por cierto, hombres y mujeres llevaron tacos.

Los antiguos egipcios, los griegos, los romanos, los persas, los asirios, que desde tiempos remotos usaron calzado, ya en forma de sandalias, escarpines, especie de sacos de un solo pedazo de cuero, y aun de semibotas guerreras, no conocieron el taco.

Su uso data desde hace sólo algunas centurias.

A principios del siglo XVI parece iniciarse con cierta timidez para cobrar audacia a fines del mismo siglo, siendo las mujeres, en virtud de la pequeñez con que favorece al pie, las que lo usaron desde entonces con más atrevimiento.

Los zapatos de los hombres fueron, sin embargo, tan complicados como los de las mujeres y no sólo los llevaron de cuero negro y oscuro sino de los más brillantes colores y extravagantes modelos.

El zapato que usaba Luis XIV, por ejemplo, conocido con el nombre de zapato Molière, por haberlo usado este personaje, se sostenía sobre un alto tacón y en forma de semicírculo o abanico, un lazo grande se abría sobre el empeine.

Los que llevaba el clero, menos en tiempos de los dos reyes que a aquél siguieron, tenían el taco revestido de tafilete colorado y se sabe que mujeres, en tiempos de Luis XV, los llevaron hasta de diez centímetros de alto.

En España, durante el reinado de Carlos III, se usó también en el taco rojo la hebilla cargada de pedrerías. En Alemania este mismo taco estuvo de moda en el siglo XVIII y en Italia en tiempos de Luis XVIII.

Desde el siglo pasado el hombre usa, a la estética gracias, solamente botines de cuero de distintas clases, discretas formas y bajos tacos.

La mujer, todos lo sabemos, continúa usándolos de seda, telas bordadas, de colores vistosos, para fiestas, y con frecuencia de tacos terribles.

Este taco alto tan combatido por los higienistas y tan dulce a nos tiene la bella tarea de desviar la columna vertebral echando el cuerpo hacia adelante, con el objeto de hallar el centro de gravedad necesario al equilibrio; molesta, además, y muy seriamente, delicados órganos contenidos en la cavidad abdominal, amén de producir esos graciosos espectáculos callejeros de damas que danzan sobre sus elegantes zancos un tembloroso minuet.

Únense a las delicias del taco las del corsé, que deforma la caja toráxica hundiendo las últimas costillas y presionando, de tan mala manera, los pulmones.

El mismo corsé comprime el estómago, dificulta los movimientos intestinales y afecta el funcionamiento general de casi todos los órganos internos.

¿Qué pensamos mientras tanto de estos tiranos que deforman día a día la belleza femenina y empobrecen su vitalidad?

No pensamos nada.

Estamos muy preocupadas con el feminismo que, por lo visto, intenta destruir una feminidad ya destruida.

Y es que, en verdad de cuentas, la mujer hasta ahora ha tenido como principalísimo fin agradar.

Todo en ella, hasta sus más grandes sentimientos, han sido avasallados por esta su pasión de agradar, alrededor de la cual, desordenada y vertiginosamente han zumbado todas sus demás tendencias.

Todas las cosas inútiles de que la mujer se carga al vestirse no son más que trampas, más o menos inocentes, más o menos razonadas, con que desea atraer la atención masculina, lograr sus alabanzas, conquistar su admiración.

El citado corsé no tiene más objeto real que exaltar ciertos encantos físicos y modelar otros.

Pero no se crean culpables las mujeres modernas de algún grave delito; ellos así las quieren, así las exaltan, así las buscan.

Además no son las mujeres modernas las que han inventado sus actuales armaduras.

De otras Evas les vienen; junto con la herencia espiritual del sexo, han llegado las herencias materiales.

Como su cómplice el taco, el corsé emballenado data del siglo XVI, aunque en diversas formas, pero sin listones, se haya llevado desde antes de la civilización cristiana.

Catalina de Médicis lo extendió en Italia, al transportarlo de Francia, y su uso se generalizó bien pronto en toda Europa.

Desde entonces, y a pesar de toda voz alarmante, esta recia prenda no ha abandonado a la mujer.

Por más que se haya dicho que la efisema vesicular, la tuberculosis, la dilatación cardíaca, la úlcera redonda del estómago, la dispepsia y otras distintas enfermedades pueden provenir fácilmente del uso abusivo del corsé, la mujer no se resuelve a perder su actual elegancia ficticia, convencional, exterior.

Acaso, mucho más que el corsé y los altos tacos, favorecieran la elegancia femenina sanos ejercicios, prudentes masajes, arte tan exquisito y saludable como la danza clásica, practicada como ejercicio.

¡Voy muy allá!

¡Es todo esto muy confuso!

Bien puede ser que yo tenga de las cosas un concepto demasiado personal.

Es que acaso sienta hoy una gran piedad por la mujer, es que acaso la ame ideológicamente tanto, que me vea obligada a atacarla para defenderla, para exaltar la mujer futura.

Es que desearía para ella la fuerza de un atleta, la delicadeza de una mariposa, la claridad del agua, el entendimiento de un filósofo, la gracia de una ninfa.

Es que la quisiera mucho más idealista de lo que es, y sobre todo, mucho más pura, mucho más completa.

Pero ¿cómo puede ser puro el ser que anda siempre cargado con su máscara, porque la máscara es su mejor arma?

¿Qué lógica existe en el sujeto femenino que se desespera ante el hijito muerto, cuando ella misma ha impedido su libre desarrollo con tacos, corsés, etc.?

¿Qué claridad es la actual claridad femenina?

¿La de la ignorancia? Eso no vale nada.

¿La del recato? Este su recato a medias, con pequeñas restricciones, con pseudas ingenuidades, me resbala por el alma como una cosa viscosa, blanda, incolora.

¡Qué embarullado está todo esto de la mujer!

¡Cuánta difícil tarea para golpearle en el alma; cuánta incomprensión masculina; cuánta torpeza amontonada!

A veces cierro los ojos y me pregunto angustiada: ¿qué será de todo esto?

Termino.

Observo que hoy por hoy no se me podrá tachar de poco romántica.

Con una elasticidad realmente femenina he saltado, sin darme cuenta, del taco y el corsé a la lágrima.

¿Está demasiado mal?

ALFONSINA STORNI

Un acto importante

25 de julio de 1919

Alguien ha dicho que morir es el acto más importante de la vida... oh, estamos en un todo de acuerdo... morir debe ser mucho más importante que toda cosa humana, a juzgar por la aparatosidad de que la muerte ha sido rodeada en todos los tiempos.

Si se lee lo que es la muerte en un libro de medicina la cosa no parece grave: la muerte, dirá, es un fenómeno fisiológico que se caracteriza por la terminación de toda vida orgánica; o cosa así.

Nada; una intoxicación, la ruptura de un vaso sanguíneo, un mal golpe, asfixia, cualquier cosa de éstas, y un sueño que ya no termina.

Parecería lógico que al laconismo de la explicación científica correspondiera la tranquilidad del deudo, la reposada tranquilidad del viviente que no ignora que él ha de fincar en el mismo punto.

Pero no: morir es un acto gravísimo; primero hay que llorar, si es posible, a grandes gritos; después hay que traer cosas negras, largos cirios, llenar la casa de silencio y plegarias, oír graves palabras, golpearse el pecho, en fin, toda una serie de cosas que hacen pensar en que el hombre está más cerca de la locura de lo que a primera vista parece.

Después de todas estas cosas ceremoniales ha de venir el luto: los hombres trajes negros, sombrero y/o corbata ídem, con distintivos especiales... las mujeres —oh, siempre las pobres mujeres— han de cambiar totalmente de indumentaria y de manera mucho más visible; el pesado merino, las largas caídas de crespón, los zapatos de cuero opaco y hasta cosas fútiles; porque también hay futilidades que indican luto; como ser ciertos collares negros de borlas opacas.

Y el encierro; las personas que están de luto no pueden reírse más que de puertas adentro... la música que es siempre una cosa elevada no debe ser ejecutada: se cierran los pianos, se adormecen las gargantas; para una muerte, ocho, diez, veinte personas deben hacerse los muertos por una temporada, la que según el curioso código de los hombres debe ser suficiente en todos los casos, para poner de manifiesto su dolor y su respeto al ido.

¡En fin! Buena y bella vida ésta... No basta a un ser humano sentir en carne viva la desaparición de un ser querido, ha de manifestar a los demás que la siente y para ello usará un distintivo; miradme, que he perdido un miembro de mi familia, irá diciendo a cada uno de los desconocidos que encuentra por la calle.

En los casos en que es más necesaria la expansión, la comunidad espiritual, los pequeños alicientes de la vida, el manto negro lo cubre todo, lo ahoga todo, y lo ahoga con hipocresía en la mayor parte de los casos, y a costa de sacrificios en otros, que el luto es caro y en muchas familias este gasto imprevisto crea deudas y trastornos.

A la mujer, más que al hombre, interesa la transformación de esta costumbre ya fuera de nuestros días; es ella la que resulta agravada por el luto, que el hombre tiene siempre algún rincón donde su luto pase desapercibido.

Pero mucho temo de excederme en este comentario: cuando las cosas están arraigadas por una larga costumbre la innovación se toma como un acto de impudicia; se imagina que quien la preconiza sufre de cierta amoralidad y al final de cuentas primero es una la impúdica, después son diez, después son cien, después son incontables y por impúdicas que sean las cosas, si los incontables son impúdicos, la impudicia desaparece.

Pero no hay tal impudicia al presente: hay una sensación de cierta cosa inútil que llena apariencias, de cierta moda antinatural, y un poco tétrica, cuando no cómica, que no beneficia a nadie y perjudica a muchos.

¿Por qué no sería un simple brazalete, como en los militares, la señal del luto?

¿Por qué no habría de abstenerse la sanción social y dejar que cada uno reduzca el término de su dolor o de su ensimismamiento a la medida de tiempo que esté de acuerdo con su naturaleza o con su clase de duelo?

¿Será esto más difícil de lo que parece?

Toda esta cuestión del luto está enredada con la vida del más allá; los hombres son muy duchos; después que los seres han muerto ellos también intervienen con su voluntad para negociarles el alma desde la tierra; y una serie de supersticiones lo ensombrece todo.

En los tiempos antiguos, cuando el pensamiento humano se mantenía en planos inferiores, la muerte era ya motivo de serias inquietudes y ritos.

Los hebreos, cuando asistían a entierros de sus seres queridos, se arañaban la cara y el pecho para demostrar cuán intenso era su dolor; esta costumbre motivó una prohibición severa de tales actos (Levítico; cap. XIX).

Créese que los judíos imaginaban que derramando su sangre por los muertos conmovían las furias infernales y las aplacaban. También se raspaban la cabeza, se ensuciaban aquélla con cosas como polvo y ceniza, se encerraban en sus casas y cantaban de una manera lastimera y triste; pero el duelo duraba poco: eran siete días.

Esta costumbre no deja de tener un parecido con la costumbre de las «lloronas» de nuestras provincias, pagadas para que lancen ayes y se arranquen los cabellos.

En Roma, las mujeres usaban el traje blanco como luto; esto era en la época de los emperadores; en los funerales de los magistrados una cosa denotaba duelo y era ésta: llevar los lictores con las fasces al revés; también el duelo, como en nuestros días, se señalaba con el cierre de todos los lugares públicos, cuando la muerte de un gran personaje enlutaba la patria.

Al apoderarse la iglesia de las ideas dispersas del cristianismo, algunos Padres de aquélla se dieron a modificar las ceremonias del luto, porque cambiando el cristianismo el significado de la vida y de la muerte, ésta debía, naturalmente, variar sus ritos y duelos.

Como el cristianismo dogmatizado expresa la supremacía de la muerte sobre la vida y la eternidad de la vida del espíritu, sobre la fragilidad de la carne, del «barro humano», la separación del espíritu de este barro debía ser un motivo de alegría, por consiguiente el luto debía animarse de colores brillantes y alegres.

Pero en la Edad Media, la edad tétrica por excelencia, la edad de muerte para la belleza humana y la preciosidad de la luz; la edad del claustro, y el subterráneo y la tortura, el luto fincó en la tela negra en los pueblos occidentales, y desde entonces, cambiando solamente de formas, se ha prolongado hasta nosotros.

Los germanos no usaron lutos, y consideraban con cierta vergüenza el llanto en el hombre; esto era sólo permitido a las mujeres.

Cosas curiosas han sido indicadas también como señal de luto: cuando murió Juan II, rey de Portugal, se prohibió a los habitantes de Lisboa que se afeitaran, por un período de seis meses.

En la corte del rey de Francia se usaba como luto el color rojo.

El uso de los vestidos de lana blanca fue adoptado como luto en la corte de España y Portugal y duró esta moda hasta fines del siglo XV.

Sin embargo, ya a mediados de este siglo, el protocolo quería que los nobles vistieran de negro en los funerales del rey; dícese, sin embargo, que terminados éstos se ponían ropajes rojos como en Francia.

El color negro es el luto adoptado actualmente por los países latinos y americanos; en Egipto un verde muerto, en el Japón se usa el blanco.

Como se ve, el luto es una simple cuestión de modas en sus aspectos y una cuestión de superstición religiosa en el fondo.

Numerosos trastornos ha ocasionado el gusto del luto a punto tal de estar reglamentado por bulas y decretos, debido a la frecuencia con que el luto ha servido como pretexto de lujo.

El rey Felipe II en Madrid dio un decreto sobre cómo debía usarse el luto; he aquí algunos párrafos: «Ordeno y mando que de aquí en adelante los lutos que se pusieren por muerte de Personas Reales sean en esta forma: los hombres han de traer vestidos negros de paño o bayeta con capas largas y las mujeres de bayeta si fuera en invierno y en verano de lanilla; que a las familias de los vasallos, de cualquier estado, grado o condición que sean sus amos, no se les permita tener lutos por muerte de Personas Reales, pues bastante se manifiesta el dolor y tristeza de tan universal pérdida con los lutos de los dueños».

En España está legislado que el gasto de luto de una viuda se saque del caudal que pertenece al esposo muerto, lo que vendría a justificar que este asunto del luto tiene su gran importancia, sobre todo económica.

En países democráticos, libres y fuertes, en países modernos, esta costumbre del luto tiende a desaparecer y a simplificarse.

La modificación del concepto religioso y social, la amplitud de obrar según la propia conciencia, la necesidad de libertar la vida de trabas excesivas, de costumbres rutinarias, concurren a este fin.

Entre nosotros también el luto ha sufrido sus modificaciones; ya la viuda no se viste toda la vida de negro como era una costumbre muy generalizada y las cargas de velos tienden a aliviarse.

Ahora se ve con frecuencia al dolorido crespón sirviendo de manga transparente sobre un brazo rosado.

¿No es preferible, pues, adoptar un distintivo cualquiera, que hacer del luto un nuevo motivo de modas y coqueterías?

Bastaría que una liga de señoras se propusiera hacerlo para que muchas personas se beneficiaran con esta innovación.

Y los que quisieran continuar usando el riguroso negro, pues en buena hora, que lo uno no impediría lo otro.

Lo grave es que una sanción social, fútil, intervenga para producir trastornos económicos, en estos tiempos en que chicos y grandes no andan con pie muy seguro.

Y cómo serían de felices los hombres si lograran dar a su alma la elasticidad de las circunstancias; si fueran capaces de modificarse, por inteligencia pura, con el conjunto de las cosas...

Pero la vida es una carrera pesada... hay que tirar desganadamente de ella, por las viejas huellas...

Alfonsina Storni

Índice de contenidos

Prólogo. Obras de amor, filosofía y muerte 9
Nota a esta edición 17

No perdones, corazón

POESÍA

De *La inquietud del rosal*

La inquietud del rosal 23
Vida 24
Plegaria a la traición 25
La campana de cristal 27
Convalecer 28
La invitación amable 30
Mi Yo 32
¡Ven, dolor! 33
La loba 34
La muerte de la loba 37
El hijo de la loba 40
El gran dolor 41

De *El dulce daño*

El dulce daño 43
Nocturno 44
El poema de la risa 47
Si la muerte quisiera 50
Tus dardos 52
Presentimiento 54
El extraño deseo 55

De *Irremediablemente*

Silencio… 57
Miedo 60
Diosa… 61
Melancolía 63
Soy esa flor 64
Ven… 65
Esa estrella 66
Peso ancestral 67
Espera… 68
El divino amor 69
¡Aymé! 70
Un Sol 71
Frente al mar 73

De *Languidez*

El león 75
Mi hermana 78
La casa 80
La caricia perdida 83

Languidez 84
Carta lírica a otra mujer 86
Han venido... 89
Van pasando mujeres 91
Charla 93
Un cementerio que mira al mar 94
Letanías de la tierra muerta 97

De *Ocre*

Humildad 103
Las grandes mujeres 104
Indolencia 105
Olvido 106
Palabras a Rubén Darío 107
Versos a la tristeza de Buenos Aires 108
Inútil soy 109
Siglo mío 110
Femenina 111
Palabras a Delmira Agustini 112
Confesión 113
Traición 114
Palabras de la virgen moderna 115
Epitafio para mi tumba 116

De *Mundo de siete pozos*

Ojo 119
Y la cabeza comenzó a arder 121
Palabras degolladas 124
Agrio está el mundo 125
Retrato de García Lorca 127

Retrato de un muchacho que se llama Sigfrido 130
Balada arrítmica para un viajero 133
Luna de marzo sobre el mar 136
Yo en el fondo del mar 138
Alta mar 140
Nácar marino 141
Vientos marinos 142
Una vez en el mar 143
Canción de la mujer astuta 144
Razones y paisajes de amor 145

De *Mascarilla y trébol*

A Eros 149
Sol de América 150
El mirasol 151
Ruego a Prometeo 152
Tiempo de esterilidad 153
Regreso a la cordura 154
Regreso a mis pájaros 155
Palabras manidas a la luna 156
Ultrateléfono................................. 157

Obra póstuma o no publicada en libro

Los malos hombres 159
Dios me Salvará 162
Exaltación 164
La Divina Comedia 171
Para Amado Nervo 173
A Norah Lange 175
A Horacio Quiroga 178

A una mujer que haga versos 179
Escribo... 180
Coplas del agua dilatada 181
Rosa en las piedras 182
Soledad 183
Letras 184
Voy a dormir 185

PROSA

Poemas de amor 189
Diario de una ignorante 211
Carnet de ventanilla (de Buenos Aires a Bariloche) ... 231
Carnet de ventanilla (Bariloche - Correntoso - Traful) 239

PENSAMIENTO

Un libro quemado 249
¿Existe un problema femenino? 252
A propósito de las incapacidades relativas de la mujer 256
El amor y la mujer 264
Sobre el matrimonio 268
La madre 273
Las poetisas americanas 278
Las lectoras 284
Las manicuras 287
La médica 292
Los detalles; el alma 295
Un acto importante 301

«Para viajar lejos no hay mejor nave que un libro».

Emily Dickinson

Gracias por tu lectura de este libro.

En **penguinlibros.club** encontrarás las mejores recomendaciones de lectura.

Únete a nuestra comunidad y viaja con nosotros.

penguinlibros.club

 penguinlibros